JN272071

外為エッセンシャルシリーズ **III**

外為辞典

大村 博 著

一般社団法人 金融財政事情研究会

まえがき

　本書は、初めて外為実務に携わる金融機関職員はもちろんのこと、すでに外為事務・渉外に従事するベテラン、あるいは貿易関連業界を目指す方々向けに、外為業務、貿易実務、国際業務、為替取引、国際金融取引において、よく出てくる用語を選定し、コンパクトに解説した用語集です。

　現在の日本は、アベノミクスの金融緩和による円安・米ドル高、関税の原則撤廃をスローガンとするTPP（環太平洋経済連携協定）への参加など、金融経済のグローバル化に伴って、外国との壁がなくなり、外為取引は、ますます身近なものになっています。

　外国為替用語は、普段耳慣れない言葉が多く、さらに英文が頻繁に出てきますので、覚えるのにかなりの時間を要します。また、外為取引は少量多品種のため、数多くの専門用語が出てきます。たとえば、ある1日のテレビ・新聞をみても、上記のTPPのほか、FRB、FOMC、ECB、EU、OECD、WTO、ASEAN、EPA、FTA、GDPなどが出てきました。皆さま、それぞれの日本語名や、その意味や役割はおわかりでしょうか。日本語ではそれぞれ、米連邦準備制度理事会、米連邦公開市場委員会、欧州中央銀行、欧州連合、経済協力開発機構、世界貿易機関、東南アジア諸国連合、経済連携協定、自由貿易協定、国内総生産となります。

　そこで今般、外為エッセンシャルシリーズの3冊目として、外為実務に携わるうえで必要となる基礎用語を収録し、『外為辞典』として刊行することになりました。

　収録用語数は約2,100語にのぼり、一部図表も用いて、簡潔・平易に解説しています。最新用語を含め、外為業務はもちろんのこと、貿易実務、国際業務、為替取引、国際金融取引まであまねく網羅した本書は、皆さまが気軽に読める実務書として、おおいに活用できます。

　まず基本をしっかりと身につけると同時に、さらに自分自身の専門性を高

め、そしてその能力をおおいに発揮していただきたいと思います。本書がそのためのきっかけとなれば幸いです。皆さまのますますのご活躍を心から祈ってやみません。

　なお、本書はあくまで用語の解説に重点を置いていますので、外為等の実務知識については、2013年10月刊行の『外為エッセンシャルシリーズⅠ　外国為替』および2013年12月刊行の『外為エッセンシャルシリーズⅡ　外為渉外』を参照していただきたくよろしくお願い申し上げます。

　2014年2月

大　村　博

【著者略歴】

大村　博（おおむら　ひろし）

FXソリューションズ代表
1948年1月静岡市生まれ
1971年3月一橋大学法学部卒
1971年4月富士銀行（現みずほ銀行）入社
主に、本部および営業店の外国為替業務を担当し、営業店サポートおよび社内外の研修を行う。
2013年1月みずほ銀行退社
外国為替コンサルタント、みずほ総合研究所講師、名城大学大学院講師として、外国為替、貿易実務、国際業務に関する執筆およびセミナー・講義を行う。
著書に『外為エッセンシャルシリーズⅠ　外国為替』『外為エッセンシャルシリーズⅡ　外為渉外』（以上、金融財政事情研究会）、『国際業務サポートのための外為取引トレーニング』（ビジネス教育出版社）
そのほか、KINZAIファイナンシャル・プラン、近代セールス、バンクビジネス等への寄稿多数

凡　　例

1　用語については、まず五十音順に配列し、次にアルファベット順に配列しています。
2　→記号については、その用語に関連している用語が本書に収録されていることを示しています。
3　巻末に、「通信文等に使用される略語」「銀行業務英文用語」「主要国の通貨名・通貨コード」「インコタームズ2010の概要」「書類（ドキュメンツ）点検のためのチェックリスト」を収録していますので、ご参考ください。
4　本書では、特に断りのない限り、「銀行」とは、日本の銀行はもちろんのこと、信用金庫、信用組合、労働金庫、農業協同組合のほか、邦銀の海外支店そして外国の銀行などのすべての金融機関を指しています。
5　用語の内容については、2014年1月1日現在の情報に基づいて編集しています。

主要参考文献等

・『やさしい海外取引必携』（みずほ総合研究所）
・『やさしい海外取引必携英文用語集』（みずほ総合研究所）
・『国際業務サポートのための外為取引トレーニング』（ビジネス教育出版社）
・『ベーシック金融実務用語集』（きんざい）
・『外為エッセンシャルシリーズⅠ　外国為替』（金融財政事情研究会）
・『外為エッセンシャルシリーズⅡ　外為渉外』（金融財政事情研究会）
・『貿易・為替用語小辞典』（学文社）

あ

アウトライト取引（アウトライトとりひき）

　為替取引において買いまたは売りの片方のみを行う取引で、スワップ取引に対するもの。為替取引の直物または先物で売買の片方のみを行う取引で、一般的には先物の売買に使うことが多い。→スワップ取引

アクセプタンス方式（アクセプタンスほうしき）

　輸入金融の一方式。輸出者は、貨物の船積み後、期限付信用状に基づいて期限付手形を振り出し、自己の取引銀行に手形を買い取ってもらうことにより輸出代金を回収する。買取銀行は手形を金融市場で再割引することにより資金化するか、輸入者の取引銀行に取立を委託する。輸入者は、手形を引き受けて船積書類の引渡を受け、手形期日までに輸入貨物を売却し、その代金で手形を決済すればよい。

アクセプタンス・レート（ACCEPTANCE RATE）　→一覧払輸入手形決済相場

アジア通貨危機（アジアつうかきき）

　1997年、タイ政府が投機対象となっていた通貨タイ・バーツを防衛しきれず、米ドルリンク制（ドルペッグ制）から変動相場制に移行した。バーツを切り下げると、東南アジア諸国に波及して、各国通貨は相次いで大幅下落した。その結果、各国経済は外貨資金の流出や不良債権の増加に見舞われ、深刻な経済・社会不安を招いた。→ドルペッグ制、変動相場制

預り金勘定（あずかりきんかんじょう）　→先方勘定、先方口、外国他店預り

預け金勘定（あずけきんかんじょう）　→当方勘定、当方口、外国他店預け

後受送金（あとうけそうきん）

　輸出者が商品を船積みした後に輸入者から代金を受け取る決済方法をいう。輸入者は、商品を受け取ってから代金を支払うが、輸出者は、代金回収前に出荷するので、輸入者には有利で、輸出者には代金回収リスクが残る不利な決済方法である。

後払送金（あとばらいそうきん、DEFERRED PAYMENT）

　輸入者が貨物を受け取った後で輸出者へ代金を支払う決済をいう。輸出者からみると後受送金になるため、輸出者が代金を受け取るまでは売掛金となる。輸出者にとっては、貨物の船積み後に輸入者から代金を受け取る契約のため、代金の支払がされない、貨物の品質が悪い等の理由をつけて契約どおりの金額で代金が支払われない、契約どおりの期限内に支払われない等のリスクがあり、不利な決

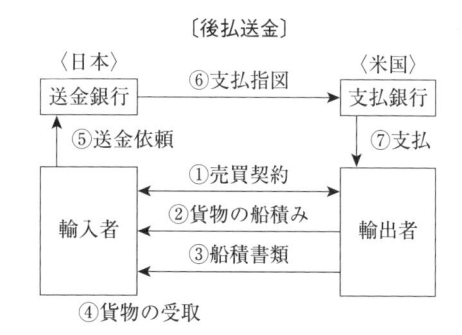

〔後払送金〕

〈日本〉　　　　　　　　　　　　〈米国〉
送金銀行　──⑥支払指図──→　支払銀行
　↑　　　　　　　　　　　　　　　↓
　⑤送金依頼　　　　　　　　　　⑦支払
　│　　　　　　①売買契約　　　　│
輸入者　←──②貨物の船積み──→　輸出者
　　　　　←──③船積書類──
④貨物の受取

済方法といえる。輸入者にとっては、貨物を受け取り、期待したとおりの貨物であることを確かめた後で支払えばよいので、有利な決済方法といえる。

アメリカン・オプション（AMERICAN OPTION）

通貨オプションを権利行使できるのが、締結日の翌営業日から受渡期日の2営業日前というように、権利行使期間であればいつでも権利行使できるものを、アメリカン・オプションという。アメリカン・オプションの権利の購入者にとっては、権利行使の選択の範囲がふえ、直物相場の動向をみながら権利行使する日を決められるため、ヨーロピアン・オプションに比べて有利だが、その分ヨーロピアン・オプションに比べてオプション料は高くなる。→ヨーロピアン・オプション

アメリカンタイプ（AMERICAN TYPE）

定められた日までの間であればいつでも権利行使のできるオプションのこと。ヨーロピアンタイプに比べ、権利行使をする機会がふえるため、オプション料は高くなる。日本では、ヨーロピアンタイプが主流となっている。→アメリカン・オプション、ヨーロピアンタイプ、ヨーロピアン・オプション

アメンド（AMEND）

信用状条件の変更（AMENDMENT）を行うことで、輸出者は、輸入者に直接交渉し、原信用状の条件を変更させ、信用状発行銀行より送付される信用状の条件変更（アメンドメント）を受け取ることにより、ディスクレを解消する方法である。

アメンドメント（AMENDMENT）　→アメンド（AMEND）

アライバル・ノーティス（ARRIVAL NOTICE）

貨物到着案内のこと。輸入貨物を積載した本船の仕向港到着に先立って、船会社より発せられる本船到着予定を示した通知書。また、輸入地の銀行が輸出地より船積書類を入手した後に、その旨を輸入者に通知する場合も、アライバル・ノーティス（書類到着案内）といわれる。

アンペイド（UNPAID）

信用状なし取引では、手形・小切手の支払人によって支払が拒絶されることをいい、信用状取引では、船積書類が信用状条件を充足していないため信用状発行銀行によって支払が拒絶されることなどをいう。信用状取引は信用状統一規則に定めるように書類の取引であるので、船積書類が信用状条件と不一致であれば、そのことを理由にアンペイドとされうる。このため、なかには輸入地の市況悪化や輸入者の倒産などの場合でも、些細な信用状条件の不一致を理由に支払が拒絶されることがある。

い

イスラム金融（イスラムきんゆう）

イスラム教の教義コーランでは、金利や保険が不労所得として禁じられているため、投資を中心とした形で行われる金

融をいう。ただし、賭博、酒、武器などにかかわる事業へは、投資はできない。利子の受渡を認めないので、物品の売買価格の差額、リース料、配当金などを組み合わせて、利子のかわりとする。

委託加工貿易（いたくかこうぼうえき）

委託加工貿易には、順委託加工貿易（原料等を輸入し、本邦内で加工した後、委託者に再輸出するという契約に基づく貿易形態）と逆委託加工貿易（契約の相手方に貨物を輸出し、外国でその貨物に加工を加えた後、再輸入する契約に基づく貿易形態）がある。安くて豊富な労働力のあるところに加工を任せたほうがコストの引下げになるという理由からこのような取引が発生する。

委託販売貿易（いたくはんばいぼうえき）

貨物の所有者が外国の第三者にその貨物の販売を委託し、第三者が実際に売り上げた分について売上代金を回収し、売れ残った商品を引き取り、貨物の所有者（販売者）がその売上高に応じて第三者に販売手数料を支払う取引をいい、コンサインメント（CONSIGNMENT）とも呼ばれている。

委託販売輸出（いたくはんばいゆしゅつ）

商品の販売者が日本国内におり、外国の第三者に商品の販売を委託する委託販売契約に基づく貨物の輸出取引。委託販売だからといって特別な手続はなく、後受送金ベースの輸出決済と同じであり、売れ残った商品は無為替輸入とする。→委託販売貿易、無為替輸入

委託販売輸入（いたくはんばいゆにゅう）

外国の商品販売者が日本国内の第三者に商品の販売を委託する委託販売契約に基づく貨物の輸入取引。特別の手続はなく、後払送金ベースの輸入決済と同じであり、売れ残った商品は無為替輸出として積み戻す。→委託販売貿易、無為替輸出

一覧後定期払（いちらんごていきばらい、AT ○○ DAYS AFTER SIGHT）

AT 30 DAYS AFTER SIGHTなどと記載され、手形が支払人に呈示された日の翌日を起算日として一定期間を経過した日を支払期日とするもの。すなわち、輸入者に対し、一定期間（AT 30 DAYS AFTER SIGHTであれば、手形を呈示した日の翌日から30日間）支払を猶予するもの。

一覧後定期払手形（いちらんごていきばらいてがた）

所持人が振出人に対して支払のために（為替手形の場合は、支払人に対する引受のために）手形を呈示してから、手形に記載された一定期間を経過した日を満期とする手形のこと。たとえば、「一覧後30日払い」あるいは「呈示後60日払い」などと記載する。

一覧払い（いちらんばらい、AT SIGHT）

手形が支払のため支払人に呈示された日を支払期日とするもの。

一覧払手形（いちらんばらいてがた）

所持人が振出人に対して支払のために（為替手形の場合は、支払人に対する引受のために）、手形を呈示した日を満期とする手形のこと。

一覧払輸出手形買相場（いちらんばらいゆしゅつてがたかいそうば）→信用状付一覧払輸出手形買相場

一覧払輸入手形決済相場（いちらんばらい

ゆにゅうてがたけっさいそうば、ACCEPTANCE RATE, ACC RATE, A/C RATE)

対外支払方法がリンバース方式の輸入信用状に基づく輸入手形を、一覧払いで決済する場合に適用する相場。TTSにメール期間金利を加算したもの。
ACC RATE ＝ TTS ＋ メール期間金利
→リンバース方式

移転収支（いてんしゅうし）

途上国への援助等を示す収支であり、常に赤字である。→国際収支、経常収支

インコタームズ（INCOTERMS : INTERNATIONAL RULES FOR THE INTERPRETATION OF TRADE TERMS） →インコタームズ2010

インコタームズ2010（INCOTERMS）

インコタームズとは、貿易取引条件、すなわち、運賃・保険料等の費用を輸出者・輸入者のどちらが負担するか、物品に関する危険負担の分岐点が輸出者から輸入者への運送途上のどの時点か、輸出者と輸入者の義務は何か等を定めている、国際商業会議所（ICC）が制定した国際的なルール。2010年に改訂された「インコタームズ2010」には、11種類の貿易取引条件（＝規則）が定められている（巻末資料4参照）。

インターバンク取引（インターバンクとりひき、INTERBANK EXCHANGE DEALINGS）

銀行相互間の為替取引をいう。通常、為替持高および為替資金の調整を目的として行われることが多い。

インターバンク・レート（INTERBANK RATE） →銀行間直物相場、市場相場

インデクセーション（INDEXATION）

インデクシング（INDEXING）ともいい、物価スライド制と訳す。インフレに伴う名目値と実質値の差（乖離）によって生じる経済取引上の不公平や悪影響を中和させる方策の1つ。主として賃金、金利などに適用され、一定の方式に従って物価に連動させるが、世界的なインフレ傾向のなかで欧米諸国でも部分的導入の論議が高まっている。わが国でも、拠出制年金と生活保護費の算定に導入されている。

インパクトローン（IMPACT LOAN）

使途制限がない外貨建貸付。インパクトローンという用語は、本来は大規模開発などのためのプロジェクトローンがあって、そこから派生する付随的資金需要をまかなうための金融の名称であった。その後、使途自由な借入れという意味でタイドローン（TIED LOAN：使途制限のある紐付借入れ）に対する用語として使用されるようになった。さらに転じて日本の企業が外国の銀行から直接借入れする方式の呼び名となり、現在では、米ドルやユーロなどの外貨建てのローンをインパクトローンというように最も広義の意味で使われるようになった。→スプレッド貸出

インフラストラクチャー（INFRASTRUCTURE、略称インフラ）

道路、鉄道、空港などの社会的生産基盤。経済活動の基盤となる道路、鉄道、空港、港湾などの施設を指す。また広くは水道、学校、病院などの社会、教育、生活関連などの社会資本を含めていう。

インフラ輸出（インフラゆしゅつ）

鉄道や道路、上下水道、発電所などのインフラを、計画の段階から建設、保

守、点検までを一括して海外へ販売する事業。アセアン（ASEAN）諸国やインド、バングラデシュなど、成長が著しい新興国では、インフラ需要が拡大しており、大型案件で資金計画から建設後の管理までまとめて発注するケースが多い。→プラント輸出

インフレ →インフレーション

インフレーション（INFLATION）

種々の経済上の膨張現象を指称する言葉で、一般に通貨膨張による物価の持続的騰貴、その逆数としての貨幣価値の下落と定義される。インフレーションは所得・資産の不公平な再分配や国際収支の不均衡をもたらし、さらには経済の健全な成長を妨げるものとされ、現代経済の解決すべき主要な課題とされている。また、スタグフレーション（不況下の物価高）という新しい事態も生じている。→デフレーション

〔インフレーションとデフレーション〕

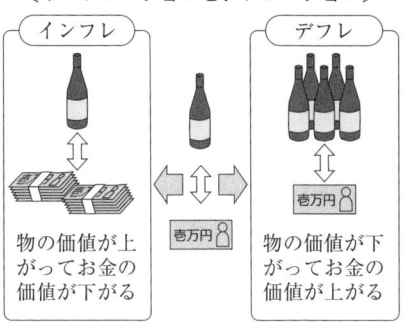

インボイス（COMMERCIAL INVOICE）

売主が買主に宛てた出荷案内書兼価格計算書（請求書）。このインボイスは、売買契約当事者にとっては取引の証拠となるもので、銀行にとっては船積みの明細と手形金額の根拠を確認する資料となる。単なる私文書であり、それ自体はなんら請求権を表示するものではないが、商取引上の重要性のため、船積書類のなかでも欠くことのできないものになっている。→商業送り状

インボイスディスカウント（INVOICE DISCOUNT）

後払送金ベースの輸出取引に関し、輸出者が輸入者に直接送付する船積書類（インボイス、船荷証券など）の写しを買戻遡求権付きで銀行が買い取る取引で、後払送金ベース輸出取引の早期資金化ならびに為替リスクヘッジニーズ等に対応できる。

〔インボイスディスカウント〕

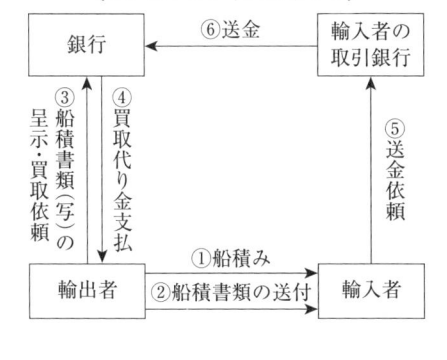

う

受取船荷証券（うけとりふなにしょうけん、RECEIVED B/L）

船積み前の段階で、船会社が貨物を受け取った（RECEIVED FOR SHIPMENT

またはGOODS HAVE BEEN TAKEN IN CHARGE）ことを示している船荷証券のこと。→船荷証券（B/L）

受戻証券性（うけもどししょうけんせい）

債務者が手形、小切手、証券の支払を行う際、こうした有価証券の交付を債権者に請求することができる権利で、債務者の二重払を回避するための方策として手形法や小切手法に規定されている。具体的な受戻証券としては、手形・小切手、貨物引換証、倉庫証券、船荷証券などがある。

疑わしい取引の届出（うたがわしいとりひきのとどけで）

多額の外国送金を頻繁に行うとき、取引内容や資金原資が不審な外国送金を受け付けたとき、マネー・ローンダリング防止に対する非協力国、またはマネー・ローンダリングの可能性が高い国への送金依頼を受け付けたときなどでは、取引の妥当性等を確認し、「疑わしい取引」と判断された場合には、疑わしい取引の届出を行う。

裏保証方式（うらほしょうほうしき）
→THEIR ISSUE、現地銀行発行方式

売為替（うりがわせ、SELLING EXCHANGE）

銀行を基準とし、銀行から顧客等に売却された外国為替をいう。具体的には、外国への送金為替および輸入為替などである。→買為替

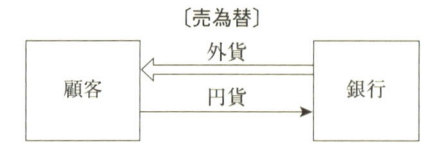

〔売為替〕

顧客 ←外貨／円貨→ 銀行

売相場（うりそうば）

銀行が顧客に外貨を売却する取引（銀行の「売取引」）に適用する相場。

売持ち（うりもち）

外国為替取引等において使われる用語で、売持ちとは売りポジションを建てることで通称、ショートポジション（SHORT POSITION）という。なお、売買持高差がゼロの場合をスクェア（SQUARE POSITION）という。→買持ち

売予約（うりよやく）

顧客が外国為替を買い、銀行が外国為替を売る予約取引のことを、銀行の売予約（顧客の買予約）といい、輸入取引に使用されることから、「輸入予約」とも呼ばれる。外国への仕向送金取引等においても使用される。→買予約

運賃込み（うんちんこみ、CFR：COST AND FREIGHT）

商品を本船に積み込むまでの値段に陸揚港までの運賃を加えたものである。輸出者は、本船を手配し、運送契約を結び、運賃を支払う義務がある。保険契約を結ぶ義務はない。危険負担は、FOBと同様、貨物が船積港において本船の手すりを通過した時に、輸出者から輸入者に移転する。運賃は、輸出者負担であるため、船荷証券には、FREIGHT PREPAID（運賃前払）と表示される。輸出者は、保険契約の義務がないので、船積書類に保険証券は含まれない。貨物の引渡場所である陸揚港の名前をつけて、たとえば、ニューヨーク港への荷揚げであれば、CFR NEW YORKというように表示する。→CFR

運賃保険料込み（うんちんほけんりょうこみ、

CIF：COST INSURANCE AND FREIGHT）

　文字どおり、商品を本船に積み込むまでの値段（コスト）に陸揚港までの保険料と運賃とを加えたものである。輸出者は、本船を手配し、運送契約と保険契約を結び、運賃と保険料とを支払い、船積書類を輸入者に引き渡す義務がある。危険負担は、FOBとCIFと同様、商品が船積港において、本船の手すりを通過した時に、輸出者から輸入者に移転する。運賃は、輸出者負担であるため、船荷証券には、FREIGHT PREPAID（運賃前払）と表示される。貨物の引渡場所である陸揚港の名前をつけて、たとえば、ニューヨーク港への荷揚げであれば、CIF NEW YORKというように表示する。→CIF

運賃ユーザンス（うんちんユーザンス）→フレート・ユーザンス

エア・ウェイビル（AIR WAYBILL）→航空貨物運送状

役務取引（えきむとりひき）

　労務または便益の提供を目的とする取引（外国為替及び外国貿易法（以下、外為法）25条）。

エマージング通貨（エマージングつうか、EMERGING CURRENCY）

　流動性が低く、カントリーリスクや為替リスクが高い新興国通貨のこと。高い経済成長を背景に大きな利益を期待できる半面、市場の流動性も十分でなく、制度の変更や当局の為替規制なども課せられやすいので、大きな損失につながるリスクもある。ハイリスク・ハイリターンの通貨といえる。→主要通貨、マイナー通貨

エマージングマーケット（EMERGING MARKET）

　新興国市場のこと。高い経済成長を続けたり、潜在的な可能性のある発展途上国の市場を意味し、主に東南アジアや中南米、東欧・ロシア、アフリカなどの国・地域を指す。→エマージング通貨

L/G付買取（エルジーつきかいとり）

　「荷為替手形の支払／引受が拒絶された場合は買戻に応じる」旨の念書（LETTER OF GUARANTEEあるいはLETTER OF INDEMNITY）を徴求したうえでディスクレのある船積書類の買取に応じること。買取依頼人の信用に懸念がない場合に利用される。L/G付買取は、信用状発行銀行の支払確約の機能を放棄するもので、実質的には、信用状なし輸出為替の買取と同様のリスクを内包することになり、支払／引受を拒絶されるリスクが高くなる。したがって、依頼人の買戻能力に問題がないことが前提になる。

エレクトロニック・バンキング（ELECTRONIC BANKING、EB）

　銀行のコンピュータと顧客のコンピュータやパソコンを回線で結んで外国送金や信用状発行などを依頼する方法で、ファーム・バンキングともいう。

円為替取扱手数料（えんがわせとりあつかいてすうりょう）

えんきやり

円建ての外国送金をする、または円建ての輸出手形を買い取るなどの場合、いずれも為替手数料が発生しないため、それにかわるものとして、銀行が顧客より徴収する手数料。→為替手数料、リフティング・チャージ

円キャリー取引（えんキャリーとりひき）
金利の安い円を調達し、米ドルなどの高金利の通貨に替え、株や債権などに投資する取引。

円高（えんだか）
外貨に対する円の価値が過大評価されていること、または円の価値が高まることをいう。たとえば、円の対米ドル為替相場が1米ドル100円から1米ドル90円に上昇することをいう。→円安

円建外債（えんだてがいさい）
国際機関、外国政府・法人が日本国内市場において円貨建てで発行する債券。通称、サムライ債という。発行形態も多様化し、通常の固定利付債のほか、デュアルカレンシー債、リバースデュアルカレンシー債などの二重通貨建債券も発行されている。

円建取引（えんだてとりひき）
円建てで取引を行えば、日本側で為替リスクは生じない。ただし、相手先に為替リスクが移るので、相手先に円建てでの取引に同意してもらう必要がある。

円投・円転（えんとう・えんてん）
円投（円を外貨に交換し外貨で運用するという意味）と円転（外貨を円に交換して円で運用するという意味）は、次図のような状態を指す。直物持高ではバランスしていないが、通常、銀行は先物為替で調節して総合持高でスクェアにしており、為替リスクを回避している。銀行は、円と外貨の金利差を利用した裁定取引を行ったり、円資金と外貨資金とで市場からの調達状況に差がある場合に、有利な資金調達をするために円投・円転操作を行う。正式には、円投入、円転換という。

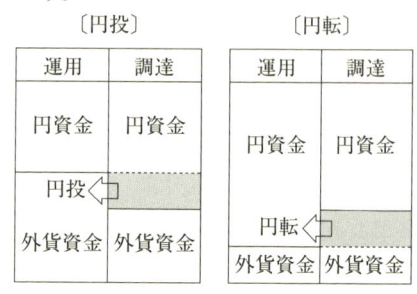

〔円投〕

運用	調達
円資金	円資金
円投 ⇦	
外貨資金	外貨資金

〔円転〕

運用	調達
円資金	円資金
	円転 ⇦
外貨資金	外貨資金

円安（えんやす）
外貨に対する円の価値が過小評価されていること、または円の価値が低下することをいう。たとえば、円の対米ドル為替相場が1米ドル100円から1米ドル110円に下落することをいう。→円高

〔円高・円安〕

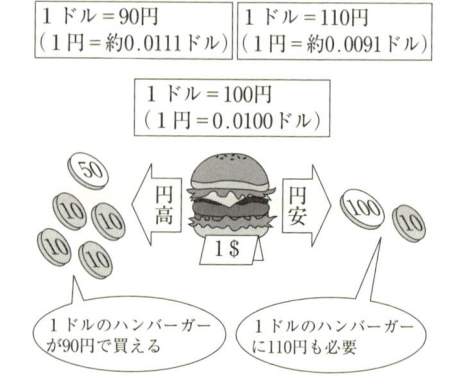

1ドル＝90円 （1円＝約0.0111ドル）	1ドル＝110円 （1円＝約0.0091ドル）

1ドル＝100円
（1円＝0.0100ドル）

⇦ 円高　1＄　円安 ⇨

1ドルのハンバーガーが90円で買える

1ドルのハンバーガーに110円も必要

お

オイルショック（OIL SHOCK）
　石油危機（OIL CRISIS）のこと。1973年に勃発した第四次中東戦争を契機に原油価格の急騰と供給量の不足を第一次オイルショック、1978年にイラン革命によって発生した原油価格の高騰を第二次オイルショックという。

オイルダラー（OIL DOLLAR）
　産油国が原油価格高騰により得た余剰資金で、主に米ドル建てで運用されたことから、オイルダラーと呼ばれる。オイルマネーともいう。

欧州中央銀行（おうしゅうちゅうおうぎんこう、EUROPEAN CENTRAL BANK、ECB）
　共通通貨ユーロの金融政策を決定する機関で、加盟各国からいかなる干渉も受けない独立性の強い中央銀行。→ユーロ、ユーロ圏

オープンインパクトローン（OPEN IMPACT LOAN）
　実行時と返済時の為替予約をあらかじめ締結しないインパクトローンのことをいう。→インパクトローン、為替予約付インパクトローン

オープン・コンファメーション（OPEN CONFIRMATION）
　信用状通知銀行や第三の有力銀行が、信用状発行銀行の依頼に基づいて確認（コンファーム）を行うこと。

オープン・コンファーム（OPEN CONFIRM）→オープン・コンファメーション

オープン信用状（オープンしんようじょう、OPEN CREDIT）
　規定された書類を呈示する銀行が指定されていない信用状のことで、輸出者の選ぶ任意の銀行（通常、輸出者の取引銀行）が買取銀行になる。買取銀行は、直接、発行銀行あるいは補償銀行に引受・支払を請求できる。
〈OPEN L/Cの表現法〉
THIS CREDIT IS AVAILABLE WITH ANY BANK.

オープン・ポリシー（OPEN POLICY）
　包括予定保険証券のこと。一定の期間におけるすべての積荷を一括して、保険者と包括予定保険を締結した場合に発行される証券。

オール・リスクス（ALL RISKS）　→全危険担保、保険証券

乙仲（おつなか）
　海運貨物取扱業者（海貨業者）、通関仲介業者、フォワーダーともいう。輸出入について、通関から荷物発注までを代行してくれる業者のこと。戦前の海運組合法で、定期船貨物の取次を仲介する業者を乙種仲立業（乙仲）、不定期船貨物の取次を仲介する業者を甲種仲立業（甲仲）と分類していたことに由来する。この法律は、1947年に廃止されたため、現在はこのような分類はないが、名残りで使われている。港湾荷役（輸出貨物の船積み、輸入貨物の荷卸および国内運送までの作業手配）、貨物の検数・鑑定・検量、倉庫業など貿易に関する荷役・通関業務を幅広く行う。→通関業者

オナー（HONOUR）

信用状が一覧払い（SIGHT PAYMENT）により利用可能な場合は、一覧後に支払うこと、そして信用状が後日払（DEFERRED PAYMENT）により利用可能な場合は、後日払約束をし、かつ期日に支払うことをいう（UCP600第2条第9文参照）。

オファー（OFFER）

法律的には契約の申込みに当たる。オファーを買手がそのまま承諾してくると売買契約は成立するが、当初のオファーをそのまま承諾するとは限らない。申出の条件に対し、変更かさらに条件をつけて、回答してくることがある。これをカウンター・オファー（COUNTER OFFER、反対申込み）という。この買手側のカウンター・オファーを売手側が承諾すれば契約は成立することになる。オファーは普通相手先に対して、回答の期限をつけるが、この場合、回答期限内はオファーを撤回することはできない。これをファーム・オファー（FIRM OFFER、確定申込み）という。なお、回答期限をつけないものを、フリー・オファー（FREE OFFER、不確定申込み）という。

オファード・レート（OFFERED RATE）

資金取引や為替取引のインターバンク市場で、資金の出し手が提示する金利や通貨の売り手が提示する相場であり、ビッド・レートに対するもの。→ビッド・レート

オフショア市場（オフショアしじょう、OFF SHORE MARKET）

非居住者からの資金調達や非居住者に対する資金運用（通称「外－外取引」）を金融規制（預金金利規制、支払準備等）や税法規制（源泉利子課税など）が少ない自由な取引として行わせるための仲介市場。日本では、1986年に東京オフショア市場（通称「JOM」）が創設された。なお、日本の金融機関が東京オフショア市場で取引を行うには、財務大臣の承認が必要。

オプション取引（オプションとりひき）

ある商品を将来のある期日（満期日）までに、その時の市場価格に関係なくあらかじめ決めた特定の価格（権利行使価格）で買う権利または売る権利を売買する取引。買う権利をコールオプション、売る権利をプットオプションといい、各々の権利に付される価格のことをプレミアムという。なお、満期日以前にいつでも権利行使できるものをアメリカンタイプ、満期日のみに権利行使できるものをヨーロピアンタイプという。

オプション・プレミアム（OPTION PREMIUM）

オプション料のこと。→オプション料

オプション料（オプションりょう）

オプション行使の権利を確保するための対価。オプションの買手は、売手に対してこのオプション料を支払う義務が生じる。

オプション渡し（オプションわたし）　→期間渡し

表保証方式（おもてほしょうほうしき）
→OUR ISSUE、本邦銀行直接発行方式

か

カーゴ・レシート（CARGO RECEIPT）
　輸出入取引における貨物の受領書。

カード・ローン（CARD LOAN）
　個人向けローンの一種。貸出極度内であれば、指定されたカードを使ってATM経由で、いつでも貸出を受けられるもの。当座貸越方式の一種であるが、担保の有無等により銀行ごとに貸出限度が違い、取引状況により金利を優遇しているところもある。

海運貨物取扱業者（海貨業者）（かいうんかもつとりあつかいぎょうしゃ（かいかぎょうしゃ））　→乙仲

海外支店（かいがいしてん）
　海外支店は駐在員事務所と異なり、現地で営業活動を正式に行うことができる。ただし、相手国において支店設置に関する規制があるため、現地側の規制を十分、調査する必要がある。外為法上、支店設置（または拡張）のための資金の送金は対外直接投資に該当し、1億円相当額を超える場合は、事後報告が必要である。

海外商社名簿（かいがいしょうしゃめいぼ）
　輸出手形保険を付保しようとする場合には、輸入者（バイヤー）について、信用調査を行い、「海外商社名簿」に登録しなければならない。海外商社名簿には、バイヤーの名称、住所および信用状態などを示す「格付」が付されている。これにより、当該バイヤーを支払人とする手形について、輸出手形保険が付保できるかどうかを判断する。

海外駐在員事務所（かいがいちゅうざいいんじむしょ）
　海外駐在員事務所の設置については、設置する相手国によって規制が異なり、現地サイドの許可が不要なものもあれば、厳格に許可取得を必要とするものもあるため、まずこうした現地サイドの規制を調査する必要がある。なお、駐在員事務所の設置は、海外支店の設置に比べて規制が緩やかであることが通例となっている。いずれにしても駐在員事務所は現地での営業活動をすることは原則としてできないため、運営資金を送金してその範囲内で市場調査等の限定された業務を行うことになる。違反行為は、現地法により罰せられることがあるため、注意が必要である。なお、駐在員事務所の設立のために必要な送金は、外為法上、自由となっている。

海外投資（かいがいとうし）
　海外に現地法人の形で進出する場合、本邦企業が100％出資（独資）して子会社を設立する方法や、現地パートナーの出資を得て合弁会社を設立する方法がある。子会社および合弁会社それぞれの主なメリット・デメリットは、次のようになる。

子会社	メリット	・経営を完全に掌握できる。 ・迅速な意思決定が可能。 ・利益を独占できる。
	デメリット	・国内向け取引に制約を受ける場合がある。 ・政府機関・金融機関・進出先企業等との調整を自力で行う必要

合弁会社	メリット	・がある。 ・進出先国内市場の参入、行政手続、許認可の取得等にパートナーの協力が得られる。
	デメリット	・パートナーとの意思疎通が必要。 ・パートナーとの信頼関係がないと、トラブルの際に紛糾しやすい。 ・撤退時にパートナーの同意が必要。

海外投資保険制度（かいがいとうしほけんせいど）

　海外投資（出資・貸付・保証等）の場合、相手国政府の収用のリスク、戦争・内乱等による事業継続不能のリスク等は予期できない不可抗力なものであり、これらをカバーするものがないと安心して投資することはできない。この収用等の非常危険および投資先の破産の信用危険をカバーするのが、海外投資保険制度であり、海外投資等に関する債権の回収を保護している。したがって、海外投資を新たに行う場合には、この制度の利用も検討する。海外投資保険を申し込む場合、保険引受を確実なものにするために、事前に内諾申請を行うことができる。内諾書を取得した後、原則として送金前に保険の申込みを行い、保険契約を締結することになる。なお、戦争地域・政情不安国等の相手国によっては本制度が適用されない場合があるため、引受方針について日本貿易保険にあらかじめ照会すべきである。

海外預金（かいがいよきん）

　海外預金が1998年4月から自由化したことにより、資金の決済方法に海外預金口座を活用することができるようになった。すなわち、海外に外貨預金口座を開設し、当該口座で非居住者からの入金を受けたり、当該口座から非居住者に対して支払を行うことが自由にできる。もちろん、当該国の規制に注意する必要はあるが、日本からの当該預金口座への送金、当該預金口座からの日本への送金は自由である。

外貨受払手数料（がいかうけばらいてすうりょう）

　外貨建ての輸出荷為替手形を買い取って同一通貨の外貨預金に入金する、または外貨建ての外国送金で代り金を同一通貨の外貨預金から払い出すなどの場合は、いずれも為替手数料（売買益）が発生しないため、それにかわるものとして、銀行が顧客より徴収する手数料。→為替手数料、リフティング・チャージ

外貨買入外国為替（がいかかいいれがいこくかわせ）

　輸出者が振り出した輸出手形の買取やトラベラーズチェック（T/C）の買取などで、買取銀行が海外で外貨を受け取るまでの間の勘定処理として利用し、輸出者に対する信用供与の勘定科目となる。海外での取立によって外貨を受け取ると勘定は決済される。輸出手形買取では信用状付きと信用状なしの2種類が発生する。

外貨貸付（がいかかしつけ）

　通常、輸出前貸は円貨で行われるが、外貨建ての輸出契約の場合は、輸出貨物代金の回収まで輸出者にとって為替リスクが発生する。このような場合、輸出者

は輸出貨物代金の回収日を期日とする外貨貸付の実行を受け、その外貨を円転し、期日に輸出貨物代金により返済すれば、為替リスクを回避することができる。→インパクトローン

外貨準備（がいかじゅんび、FOREIGN RESERVE）

政府や中央銀行などの金融当局が外貨や金などの資産を保有すること。金融当局は、対外債務の返済、輸入代金の決済のほか、為替相場の急激な変動を防ぎ、貿易などの国際取引を円滑にするために、外貨準備を行う。外貨準備は、「国民経済の貯金」とも呼ばれる。

〔世界の外貨準備に占める通貨別割合〕

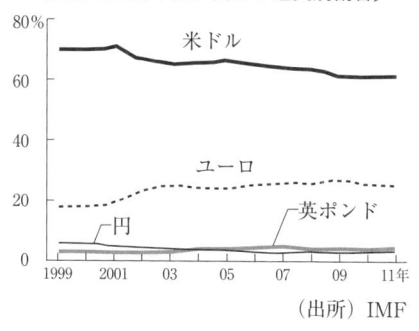

（出所）IMF

外貨準備高（がいかじゅんびだか）

国が海外への支払に備えて保有している外貨や金などの資産の総額。対外債務の返済、輸入代金の決済、外為市場への為替介入などのために、国が保有している公的な準備資産をいう。具体的には、政府や中央銀行が、主要各国の通貨や証券、金、SDRなどの形で保有している。貿易黒字のときは、お金が国に入ってくるので準備高がふえ、逆に貿易赤字のときは、準備高が減ることになる。外貨準備高が十分にある国は、資本逃避に対する耐久性が強く、通貨危機になりにくいと考えられる。現在、中国が圧倒的に世界第1位であり、日本が第2位である。

外貨建手形貸付約定書（がいかだててがたかしつけやくじょうしょ）

外貨建インパクトローンの与信取引を開始するときは、銀行取引約定書のほか、銀行は顧客から、外貨建手形貸付約定書の提出を受ける。

外貨定期預金（がいかていきよきん）

預入期間を定めて、その期間中の払出しを認めない預金。預入期間は、数日から1年程度まで自由に設定することができ、金利は市場金利をベースとして決められる。個人および法人の運用手段として、取扱いは増加している。

外貨当座預金（がいかとうざよきん）

出入れ自由で無利息の預金。小切手の振出しも可能であるが、国内では流通しないため、一部の法人しか利用されていない。

外貨普通預金（がいかふつうよきん）

出入れ自由で、利息も付利される預金。外貨での運用または外貨での決済のため、多くの法人・個人に利用されている。

外貨マリー（がいかマリー）　→マリー、MARRY

外貨預金（がいかよきん）

円貨以外の通貨建ての預金のこと。円預金同様、普通預金、当座預金、定期預金等、さまざまな種類のものがある。なお、銀行等により取扱通貨や商品内容が異なる。外貨預金は預金保険制度の対象外である。

外貨両替（がいかりょうがえ）

　銀行と顧客との間で、外国通貨（現金・キャッシュ）や旅行小切手（トラベラーズ・チェック）を売買すること。一般に、両替というと、金種を細かくするとか、新札に交換するといったことになるが、ここではまったく意味合いの違う、れっきとした外国為替取引になる。外貨両替は、世界各国にはそれぞれの国内で通用する通貨があり、ある国を訪れる外国人はその国の通貨をもっていなければ、滞在中の生活が円滑にできないため、自国通貨とその国の通貨を交換する必要性から生まれたものである。

買為替（かいがわせ、BUYING EXCHANGE）

　銀行を基準とし、銀行が顧客等から買い入れた外国為替をいう。具体的には、輸出為替や外国からの被仕向送金為替などである。→売為替

〔買為替〕

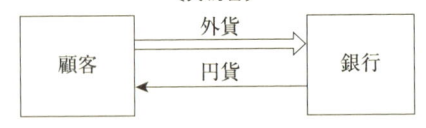

```
┌─────┐   外貨   ┌─────┐
│ 顧客 │ ──────→ │ 銀行 │
│     │ ←────── │     │
└─────┘   円貨   └─────┘
```

外銀アクセプタンス（がいぎんアクセプタンス）　→外銀ユーザンス、アクセプタンス方式

外銀ユーザンス（がいぎんユーザンス）

　邦銀（自行）ユーザンスに対する用語で、輸入者が外国銀行から輸入ユーザンスの供与を受けることをいう。→邦銀ユーザンス

外国貨物（がいこくかもつ）

　保税地域に蔵置されている貨物。外国から移動してきた貨物で輸入許可をいまだ受けていないものや、輸出する貨物で輸出許可を受けたものをいう。→保税、保税地域

外国為替（がいこくかわせ、FOREIGN EXCHANGE）

　内国為替（DOMESTIC EXCHANGE）に対する言葉で、国際間における資金の移動（TRANSFER）の手段として、銀行を介在させ、現金の輸送を行うことなく、信用手段によって国際間の債権・債務の決済を行うことをいう。通貨が異なる国際間の取引においては、自国通貨と外国通貨との交換（EXCHANGE）が生じるが、外国為替取引は、外貨との交換を伴う取引とは限らず、円建てによる取引もある。また、外国為替取引は、わが国と外国との取引とは限らず、東京において本邦の銀行が米国の銀行の東京支店との間で行う米ドルの受渡など、日本国内での取引も含む。一般に、外国為替という言葉は、外国為替手形から派生しているといわれているが、最近では、外国との資金の決済に手形が用いられることが少なくなっている。したがって、実務上は、実際に銀行が外国為替業務として取り扱っている範囲で、外国為替という言葉を理解すればよい。

　このようなことから、外国為替業務の特色としては、次の2つの要素があげられる。

① 国際間の資金の移動が生じる。ただし、東京での資金の受渡の例もある。
② 外国の通貨との交換が生じる。円建ての場合には、取引の相手国側で外貨との交換が生じる。この通貨間の交換の比率が外国為替相場である。

外国為替円決済制度（がいこくかわせえん

けっさいせいど）

　国内の銀行間での外国為替取引に係る円資金の受渡は、通常、この制度を利用し、日本銀行にある預け金勘定を通じて行うが、支払指図の時限が定まっており、当日中に資金の受渡を行うためには午前中に準備を完了させておく必要がある。そこで、このような送金を午後に受け付けた場合には、支払が翌営業日にずれ込むことを考慮する必要がある。

外国為替及び外国貿易法（がいこくかわせおよびがいこくぼうえきほう）　→外為法

外国為替市場（がいこくかわせしじょう、FOREIGN EXCHANGE MARKET）

　外国為替が取引される市場。狭義には、市中銀行、為替ブローカー、中央銀行三者間の銀行間為替市場（インターバンク市場）を外国為替市場といい、電子ブローキングシステムなどにより取引が行われる。広義には、対顧客取引をも含めた市場をいう。

外国為替市場操作（がいこくかわせしじょうそうさ、FOREIGN EXCHANGE MARKET OPERATION）

　政府もしくは中央銀行が為替相場の安定化をねらいとして外国為替市場に介入するなどの操作、または銀行が為替の持高調整、あるいは保有する外貨資金と自国通貨資金との調整を目的として行う操作をいう。通常、前者を為替平衡操作と限定していい、後者を広く外国為替操作または為替操作と呼んでいる。

外国為替証拠金取引（がいこくかわせしょうこきんとりひき）

　通称FX。一定の証拠金を元手に、その何倍かの外貨を売り買いする商品取引。FX会社は顧客から注文を受けると、取引先の銀行から外貨を調達する。この調達コストを抑えるため、注文の一部は顧客同士で売買を成立させる会社が少なくない。

外国為替相場（がいこくかわせそうば、FOREIGN EXCHANGE RATE）

　一国と他国のそれぞれの通貨価値の比、すなわち両者の交換の比率であり、一国通貨の対外価値を反映するものである。外国為替取引上からいえば、この一国における外貨との交換比率は、その取引の対象となる外貨の値段である。

外国為替手形（がいこくかわせてがた、FOREIGN BILL OF EXCHANGE）

　振出人が支払人に宛てて受取人その他の所持人に対し一定の金額の支払を委託する形式の手形を為替手形といい、外国為替手形は手形当事者が2国以上にまたがっているものをいう。国際間の荷為替取引においては、この外国為替手形を使用して決済される。

外国為替予約取引約定書（がいこくかわせよやくとりひきやくじょうしょ）

　為替予約や通貨オプションの与信取引を開始するときは、銀行取引約定書のほか、銀行は顧客から外国為替予約取引約定書の提出を受ける。

外国送金（がいこくそうきん）

　国内取引の振込みに当たるもので、単にお金を外国へ送る取引。

外国他店預り（がいこくたてんあずかり）

　先方銀行が当方の銀行に円建て等の預け金勘定を開設している場合、その勘定を当方の銀行側では外国他店預りという。→先方勘定、先方口

外国他店預け（がいこくたてんあずけ）

　当方の銀行側のデータに基づき、預け金勘定の入払残高を管理する勘定科目を、外国他店預けという。当方の銀行が先方銀行に外貨建ての預け金勘定を開設している場合、大口の支払時には勘定残高が不足しないようにするため他の銀行勘定から預け替えをし、また大口の入金時には資金を有効に運用するため預け金勘定から払い出し、短期金融市場で運用する等の管理を行う必要がある。→当方勘定、当方口

外国通貨売相場（がいこくつうかうりそうば、CASH SELLING RATE）

　銀行が外国通貨を販売するには、通貨を外国から取り寄せる費用（運送費と保険料）、通貨を在庫として保有する費用等が掛かる。そこで、これらの費用が相場に織り込まれ、次のとおり算出される。

　　外国通貨売相場＝電信売相場＋通貨種類
　　　　　　　　　　ごとに定められた費用

外国通貨買相場（がいこくつうかかいそうば、CASH BUYING RATE）

　銀行が外国通貨を購入した後、通貨を外国へ郵送する費用（運送費と保険料）、通貨を在庫として保有する費用等が掛かる。そこで、これらの費用が相場に織り込まれ、次のとおり算出される。

　　外国通貨買相場＝電信買相場－通貨種類
　　　　　　　　　　ごとに定められた費用

外国通貨建相場（がいこくつうかだてそうば）

　英国では、自国通貨のスターリングポンドを中心にGBP 1 ＝USD1.5713のように表示するが、これを外国通貨建てという。外国為替市場において、外国通貨建てで表示される通貨には、スターリングポンド、オーストラリアドルなどがあり、自国通貨建てで表示される通貨にはスイスフランなどがある。

外国向為替手形取引約定書（がいこくむけかわせてがたとりひきやくじょうしょ）

　信用状付輸出手形買取、信用状なし（D/P、D/A）輸出手形買取、クリーンビル買取の与信取引を開始するときは、銀行取引約定書のほか、銀行は顧客から外国向為替手形取引約定書の提出を受ける。

外債（がいさい）

　外国の政府、政府関係機関、企業等が発行する債券で、日本の政府、政府関係機関、企業等が海外で発行する債券も外債と呼ばれている。つまり、発行体、発行市場、通貨のいずれかが外国のものを外債という。なお、外貨建ての国内債を通称、ショーグン債という。

海上貨物運送状（かいじょうかもつうんそうじょう）　→シーウェイビル

買相場（かいそうば）

　銀行が顧客から外貨を購入する取引（銀行の「買取引」）に適用する相場。

外為（がいため）　→外国為替

外為法（がいためほう）

　正式には「外国為替及び外国貿易法」という。日本と外国との間における資金の移動（資本取引）、物・サービスの移動（貿易取引・貿易外取引）などの対外取引、居住者間の外貨建取引に適用される法律である。その目的は、対外取引の必要最小限の管理または調整を行い、対外取引を正常に発展させることにある。また、国際収支の均衡および通貨の安定

回転信用状（かいてんしんようじょう、REVOLVING CREDIT）

輸入者と輸出者との間で、同一商品を一定期間継続的に取引する場合、取引ごとに信用状を発行するのは手数もかかり、また、一度に複数の取引をカバーする多額の信用状を発行すれば、発行手数料などによる費用負担が大きくなる。そこで、このような不都合を解消するために、一定期間（たとえば1カ月）ごとに信用状金額が自動的に復元されて使用できるようにした信用状を、回転信用状（REVOLVING CREDIT）という。

買取（かいとり、NEGOTIATION）

買取とは、輸出者が船積書類を取引銀行に持ち込んだ時点で、船積書類と引換えに銀行から輸出代金を受け取ることをいう。取引銀行は、輸出為替の買取を行ってから、信用状発行銀行または取立銀行から資金を回収するまでの間、輸出代金を立て替えることになる。

介入（かいにゅう）

政府もしくは公的機関が、外国為替相場の安定的維持をねらいとして、随時外国為替市場に出動して為替の売買操作を行うこと。たとえば、市場でドルの売りが多く、ドルの相場が著しく下落したときは、ドルの買い操作を行い、逆の場合には売り操作を行って為替相場の乱高下を防ぐ。日本では、1963年4月以降、日本銀行が外国為替資金特別会計の資金によりこの操作を行っている。為替平衡操作ともいう。→為替介入

買持ち（かいもち）

買いポジションを建てることで、通称、ロングポジション（LONG POSITION）という。→売持ち

買戻（かいもどし）

荷為替手形を買い取った後で、不渡や不払が生じた場合、銀行は立替払をした資金を輸出者から返してもらう必要があるが、これを買戻という。

買予約（かいよやく）

顧客が外国為替を売り、銀行が外国為替を買う予約取引のことを、銀行の買予約（顧客の売予約）といい、輸出取引に使用されることから、「輸出予約」とも呼ばれる。外国からの被仕向送金取引などにおいても使用される。→売予約

カウンターオファー（COUNTER OFFER）

反対申込みのこと。→OFFER、オファー

格付会社（かくづけがいしゃ）

国や企業が発行する債券や金融商品などについて、元本や金利が約束どおり払われない債務不履行の確率を分析し、アルファベット等簡単な記号でランクづけする。米国S&P（スタンダード＆プアーズ）、米国ムーディーズ・インベスターズ・サービス、欧米系フィッチ・レーティングスが代表的である。→格付機関

格付機関（かくづけきかん）

国・地方公共団体や企業が発行する債券について、元利金が支払われる安全性の程度を示す格付を行う機関のこと。わが国の場合、債券の発行条件に関しては引受、受託など起債関係者の間でその適債基準や格付基準の申合せが行われる慣行があった。しかし、債券市場の国際化、自由化の進展に伴って第三者による

債券格付のニーズが急速に高まってきた。このため、米国のS&P社、ムーディーズ社その他のような格付機関の設立が急がれ、現在、格付投資情報センター、日本格付研究所等が格付機関として存在する。

確定日払（かくていびばらい、AT 〇〇 DAYS AFTER B/L DATE）

船積日の翌日から〇〇日目を支払期日とするもの。

確定日払手形（かくていびばらいてがた）

暦上の特定の日を満期とする手形をいう。

確定日渡し（かくていびわたし）

顧客の指定した特定の日を受渡日とする予約取引のこと。たとえば、9月10日渡し、9月30日渡しなどのようにある特定の日を受渡時期とするものである。

確認（かくにん、CONFIRMATION）

銀行が、信用状発行銀行の支払確約とは別個に支払確約を加えることで、信用状発行銀行が支払不能に陥った場合や、信用状発行銀行所在国の為替や貿易の制限などで資金の回収ができない場合などに対応するために利用されている。
→CONFIRMED CREDIT

確認信用状（かくにんしんようじょう、CONFIRMED CREDIT）

信用状発行銀行の依頼に基づき、信用状発行銀行以外の銀行（これを確認銀行という）が、その信用状に基づく支払・引受または買取を確約することを信用状の確認といい、そのような確約を加えた信用状のことを確認信用状という。

影の銀行（かげのぎんこう）

中国における不透明な金融取引。中国の金融機関が理財商品と呼ばれる利回りが高い金融商品を投資家に売り、それで集めたお金を貸す。または、銀行の仲介でお金に余裕がある企業が別の企業に貸す手法もある。

加工貿易（かこうぼうえき）

原材料を外国から輸入して、それを加工したうえで輸出する取引をいう。1960年代から1970年代の日本は、外国から原材料を輸入して外国へ製品を輸出するという典型的な「加工貿易」を行っていたが、製品輸出では、常に欧米と貿易摩擦が発生した。輸出製品は、繊維、カラーテレビ、鉄鋼、自動車、そして半導体と推移したが、対日貿易赤字に悩む欧米各国の手前、問題になるたびに輸出の自主規制を強いられた。その後、日本の企業は結局、輸出を自主規制するよりも現地生産へとシフトしていくことを選択した。そのため、現在では、海外の現地法人で生産したものを輸入するという製品輸入が主流となっている。

〔加工貿易の仕組図〕

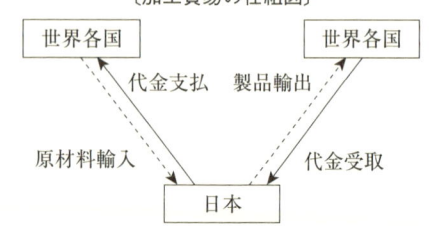

```
┌──────┐                    ┌──────┐
│世界各国│                    │世界各国│
└──────┘                    └──────┘
     │   代金支払  製品輸出    │
     │                         │
   原材料輸入              代金受取
     │       ┌──────┐        │
     └──────→│ 日本 │←───────┘
             └──────┘
```

瑕疵担保保証（かしたんぽほしょう、WARRANTY BOND）

工事完成後、瑕疵担保期間中に瑕疵が発見され、輸出者などが履行不能な場合、その補修債務を保証する。この保証を瑕疵担保保証といい、同様に、銀行の

発行する保証状により対応している。輸出者などが瑕疵を補修しなかった場合に、輸入者は、保証銀行に対して求償することになる。

カット・オフ・タイム（CUT OFF TIME）
スイフト加盟国ごとに毎日の一定時刻までに到着した支払指図は当日中に処理し、その時刻以降に到着した支払指図は翌営業日に処理すると定めた時刻のこと。なお、国ごとに休日が異なるので、それも考慮に入れる。

貨物引渡指図書（かもつひきわたしさしずしょ、リリースオーダー、RELEASE ORDER）
航空貨物運送状の場合は、荷受人は原則信用状発行銀行になっているため、輸入者が決済をするかあるいは輸入ユーザンスの供与を受けると、銀行は貨物を輸入者に引き渡すよう航空会社に指図する貨物引渡指図書（リリースオーダー）を発行する。輸入者は、リリースオーダーを航空会社に提出して貨物を受け取り、当該貨物を販売して代金を回収する（下記「RELEASE ORDERの記入例」参照）。→RELEASE ORDER

為替（かわせ）
場所の離れた二者間の資金決済を現金の輸送によらず、銀行への支払委託によって行う仕組みのこと。その二者が同一国内にいれば内国為替、異なる国にいれば外国為替ということになる。

為替介入（かわせかいにゅう）
各国の中央銀行などの通貨当局が、為替相場を安定させるために、外国為替市場で通貨を売り買いすること。介入という言葉には、市場の流れを変えるという意味がある。日本では、財務省が介入するかどうかの権限をもち、金額やタイミングを決める。財務省の指示を受けた日本銀行が代理人として、民間銀行に売り買いの注文を出すのが一般的である。介入原資は、外国為替資金特別会計から引き出す仕組みになっている。一国の政府・中央銀行が単独で実施する単独介入のほか、複数の通貨当局が一定の目的を

〈RELEASE ORDERの記入例〉

```
            RELEASE ORDER  -ORIGINAL-
                                              DATE  発行日
TO: KINZAI AIR LINES COMPANY, LTD
RELASE OF SHIPMENT UNDER AIR WAYBILL NO. （航空貨物運送状の番号）
GENTLEMEN,
YOU ARE KINDLY REQUESTED TO DELIVER THE ABOVE MENTIONED
SHIPMENT CONSIGNED TO US TO MESSERS.  KINZAI TRADING CO., LTD.
（輸 入 者） OR THEIR DESIGNATED CUSTOMHOUSE BROKER WHO ARE
AUTHORIZED TO SIGN DELIVER RECEIPT TO THE AIR WAYBILL ON OUR
BEHALF
                                      YOURS VERY TRULY
                          SIGNATURE   Authorized Signature
                                    （信用状発行銀行の英文署名）
```

もって同一の通貨を買い支える協調介入がある。

〔円売りドル買い介入の仕組み〕

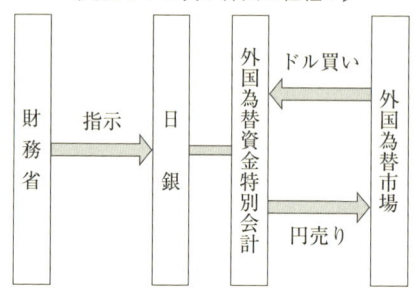

財務省 →指示→ 日銀 ⇄ 外国為替資金特別会計 ⇄（ドル買い／円売り） 外国為替市場

為替カバー（かわせカバー、EXCHANGE COVER）

　銀行等は、顧客との外国為替取引の結果生じる為替の持高の調整のために、売持ちのときは買い埋め、買持ちのときは売り埋める操作を行う。このような操作を為替カバーという。

為替カバー取引（かわせカバーとりひき）

　銀行は、顧客との間で外貨建取引を行うつど、その取引が買持要因取引である場合には外国為替市場で外貨を売り、売持要因取引である場合には外国為替市場で外貨を買い、持高をスクェアにするよう調整する。このように、銀行が顧客との間で行った外貨建取引の結果生じた持高をスクェアに戻すように、外国為替市場で外貨を売買することをいう。

為替管理（かわせかんり）

　外国為替は、国と国との間の資金決済の手段として利用されるため、必然的に国際収支ひいては国内経済にも影響を及ぼす。このため国際収支の均衡、国内産業の保護、さらには国際条約の遵守、国連による経済制裁への協力等のため各国とも程度の差こそあれ各種法律、規則等を制定している。わが国で制定し外国為替業務に直接かかわる主なものは、次のとおりである。

・「外国為替及び外国貿易法」（「外為法」）
・「外国為替令」
・「外国為替に関する省令」
・「内国税の適正な課税の確保を図るための国外送金等に係る調書の提出等に関する法律」（「国外送金等調書法」）
・「犯罪による収益の移転防止に関する法律」（「犯罪収益移転防止法」）　等

　また、法制度の異なる国をまたがる外国為替取引において、国際的な規則として現在、信用状取引、取立取引ならびに保証取引等に関して、国際商業会議所（ICC）の制定した規則が世界の多数の銀行によって広く利用されており、主なものに次のようなものがある。

・「信用状統一規則」（UCP600）
・「取立統一規則」（URC522）
・「請求払保証統一規則」（URDG758）
・「銀行間補償統一規則」（URR725）

為替鞘（かわせざや）

　外貨の売買に伴う銀行の利鞘のことで、国内取引では発生しない外国為替固有の収益である売買益のもとになるもの。そのうち基準となる為替鞘のことを基準鞘といい、通貨ごとに異なる。〈例〉米ドル：1円、英ポンド：4円、ユーロ：1円50銭、スイスフラン：90銭　→為替手数料、相場優遇

為替手形（かわせてがた）

　輸出者が支払人（信用状取引では、信用状発行銀行または補償銀行、信用状な

し取引では輸入者）に宛てて振り出す手形で、一定金額を受取人その他の手形所持人に、その請求に応じて支払うことを、書面をもって指図し委託する有価証券のこと。当然のことながら、決済方法が荷為替手形ベースの取引（信用状付き・信用状なし）で使用され、送金ベースの取引では使用されない。国内での手形決済は1通だけを振り出す単独手形で行われるが、輸出入取引で使用する為替手形は、同一内容のものを2通作成する組手形（SET BILL）である。これは、郵送中の事故や遅延による手形流通上の障害に対応するためである。FIRST、SECONDにそれぞれ次の記載があるか確認を行う。

第1券（FIRST BILL OF EX-CHANGE）には"SECOND BEING UNPAID"の表示（第1券が呈示されれば、第2券は無効という意味）

第2券（SECOND BILL OF EX-CHANGE）には"FIRST BEING UNPAID"の表示（第2券が呈示されれば、第1券は無効という意味）

為替手数料（かわせてすうりょう）

外貨を円に交換、または、円を外貨に交換することにより生じる銀行の収益。外貨と円の売買により発生する儲け。→為替鞘、相場優遇

為替デリバティブ、通貨デリバティブ（かわせデリバティブ、つうかデリバティブ）

主に為替相場の変動によるリスクを回避する目的で、事前に売買の時期や価格等を定めて外貨に関する取引を行うデリバティブ取引。たとえば、輸出入業を営む企業が為替相場の変動に伴うリスクを回避するために、金融機関との間で、あらかじめ一定の価格で外貨を売り買いしておく契約等がこれに当たる。一般的に、企業にとっては、円安時のリスクヘッジの目的で締結されるものであるが、円高になった場合には、企業にとって不利な条件となるため、企業はかかるデリバティブ取引のリスクを十分に理解したうえで契約を締結するか否か判断すべきであり、他方、金融機関は、後に説明義務違反等の責任追及をなされることがないように、顧客の属性に応じた十分な説明義務を尽くす必要がある。

為替ブローカー（かわせブローカー）→ブローカー

為替持高（かわせもちだか、EXCHANGE POSITION）

銀行が顧客との外国為替取引の結果として保有する外国為替の持高。売為替の合計額が買為替の合計額を上回る場合を売持ち、逆の場合を買持ち、同額の場合をスクェアポジションという。為替相場の変動を避けるには持高をスクェアにすることが望ましい。なお、為替持高には直物外国為替持高、先物外国為替持高、直先総合外国為替持高の3種類がある。→売持ち、買持ち

為替予約（かわせよやく、EXCHANGE CONTRACT）

外国為替取引には、直物為替取引と先物為替取引とがあるが、後者の先物為替取引に関する契約を為替予約という。具体的には、為替の売買当事者間で取引外貨の通貨種類、金額、為替相場、受渡時期などの条件をあらかじめ決定し、将来この条件で為替の受渡を行うことを相互

に約することをいう。為替相場の変動による危険回避が目的。

為替予約指値取引（かわせよやくさしねとりひき）
　顧客が指定する相場での為替予約の申込みを銀行が預かり、先物為替相場が顧客の指定する相場に達した時点で、銀行が為替予約を締結するサービスのことである。

為替予約の延長（かわせよやくのえんちょう）　→HRR

為替予約付インパクトローン（かわせよやくつきインパクトローン）
　インパクトローン導入と同時に、実行時と返済時の為替相場の為替を予約しておき、実質利回りを確定してしまう外貨貸付をいう。→インパクトローン、オープンインパクトローン、外貨貸付

為替予約の実行（かわせよやくのじっこう）
　為替予約の締結を行って取り決められた先物相場に基づき、取引の受渡日または受渡期間内に、実際の取引処理を行うこと。

為替予約の締結（かわせよやくのていけつ）
　将来発生する取引に適用する相場を、銀行との間で事前に取り決めること。また、その取り決められた相場のことを先物相場という。

為替リスク（かわせリスク）
　外為取引で決済通貨を円にすることもできるが、現状、円の使用は限られた範囲にとどまっている。通常は取引の相手方に応じ、異なる通貨が使用される。外貨建てで取引をする場合、通常、日本の顧客は円を外貨に交換し、あるいは受け取った外貨を円に交換する必要があるが、この場合、円とその通貨の交換比率、つまり、為替相場が問題になる。輸入企業は、商品代金を支払う時の相場が契約時よりも円安になれば、支払に必要な円貨額が増加するため儲けが減少し、場合によっては損失が発生する可能性がある。一方で、輸出企業は、商品代金を受け取る時の相場が契約時よりも円高であれば、受け取る円貨額が少なくなって儲けが減少し、場合によっては損失が発生する可能性がある。

関税（かんぜい、TARIFF、CUSTOMS DUTY）
　貨物が関税線（一般には国境）を通過する際に賦課される租税を指す。かつては、①自国を通過する商品に課税する通過税、②外国への輸出品に課税する輸出税、③外国からの輸入品に課税する輸入税などの種類があったが、今日では、輸入品に課す輸入税を意味するようになった。以前は国の財源調達の目的で課されること（財政関税）が多かったが、最近では国内産業を保護する目的で課されること（保護関税）が多い。

関税および貿易に関する一般協定（かんぜいおよびぼうえきにかんするいっぱんきょうてい、GATT）
　世界貿易の拡大、自由貿易の拡大を図るため、多角的で自由な貿易を目指す協定。→GATT

関税・消費税延納保証（かんぜい・しょうひぜいえんのうほしょう）
　輸入商品に関する関税と消費税は、個々の輸入申告のつど現金で一括納付するのが原則であるが、税関に担保を差し入れることで、この支払を3ヵ月を限度として延長することができる。通常、こ

の担保は、銀行もしくは損害保険会社が発行する保証書で代行しているが、この保証を関税消費税延納保証という。輸入者は、関税と消費税を現金で納付する場合、税関が関税受領を確認してから通関を許可するまでに時間がかかるが、保証書を差し入れることにより、通関をスピードアップすることができる。

〔関税・消費税延納保証〕

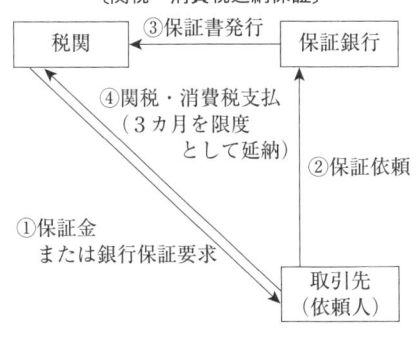

```
        ③保証書発行
  税関 ←――――――― 保証銀行
   ↑              ↑
   │④関税・消費税支払  │
   │ （3カ月を限度    │②保証依頼
   │  として延納）    │
   │              │
①保証金            取引先
 または銀行保証要求 → （依頼人）
```

間接貿易（かんせつぼうえき）
　メーカー等が商社経由で輸出入取引を行うこと。

環太平洋経済連携協定（かんたいへいようけいざいれんけいきょうてい、TPP）
　太平洋を囲む国々が輸入品にかける関税をなくすなどして、商品やお金が自由に行き来する経済圏をつくる取組みをいう。→TPP

カントリーリスク（COUNTRY RISK）
　貿易取引の相手国や投融資の対象となる国の政治、経済、社会情勢の変動により債務の返済が不能となる危険の度合いをいう。

間貿（かんぼう）　→間接貿易

緩和マネー（かんわマネー）
　中央銀行が、景気を活性化するために行う金融緩和策によって市場に供給した資金をいう。→量的金融緩和

き

期間渡し（きかんわたし）
　特定の日ではなく、期間内であればいつでも受渡が可能な予約取引のこと。期間渡しには、暦月渡し（カレンダーの月を受渡期間とする予約取引、たとえば9月渡—9月1日～9月30日）、順月渡し（順月応当日を基準に受渡期間を定める予約取引、たとえば9月20日～10月20日）、特定期間渡し（暦月または順月とは関係なく受渡期間を定める予約取引、たとえば9月10日～9月20日、9月25日～10月15日など）がある。

期限前解約（きげんぜんかいやく）
　定期預金などの期日前に、預金の払戻しをすることをいう。定期預金は一定の期間を定めた預金であるから、期日前は銀行に払戻しの義務はない。しかし、預金者に預金を必要とする特別の事情のある場合には、銀行は期限前解約に応じ払戻しをすることがある。その場合、銀行は義務がないのに支払うのであるから、通常より注意義務が加重される。このため本人確認は慎重な手続をとらねばならない。

期限付為替手形（きげんつきかわせてがた、USANCE BILL）
　貿易取引において輸出者が代金を回収する際に利用する為替手形のうち、一覧

後支払までの間に猶予期間のあるもの。確定日払、日付後定期払、一覧後定期払がある。一覧後60日、90日、120日などの定期払がよく利用されている。輸入者は、手形の呈示があった場合、引受をして船積書類を入手し、貨物を引き取ったうえこれを売却し、その代金で手形の満期日に手形代金を決済する。輸入者には、その間、外貨金融を受けるのと同じ効果が生じる。

期限付手形買相場（きげんつきてがたかいそうば、TIME (USANCE) BILL BUYING RATE）
　期限付手形買相場は、信用状に基づいて振り出された一覧後定期払の期限付手形を買い取る場合に適用する相場である。この場合、買取銀行は、船積書類を郵送する期間（メール期間）12日間と手形期間分の資金を立て替えることになるため、TTBからこの期間の利息相当分を差し引いた相場を適用する。一覧後30日、60日、90日、120日等がある。

基軸通貨（きじくつうか）
　金融取引や貿易決済に広く使われ、各国・地域通貨の価値基準になる通貨のこと。明確な基準や定義はないが、通貨を発行する国・地域の政治力や経済規模などで決まるとされる。戦前は英ポンドが基軸通貨であったが、戦後は米ドルに交代し、現在は欧州の単一通貨であるユーロも基軸通貨の1つに位置づけられている。

技術輸出（ぎじゅつゆしゅつ）
　日本から特許権、ノウハウ等を提供しその対価として、ロイヤルティーを受け取ることをいう。→ロイヤルティー、ROYALTY

基準相場（きじゅんそうば）
　米ドルの公示仲値。→TTM RATE

北大西洋条約機構（きたたいせいようじょうやくきこう、NATO）
　第二次世界大戦後の東西対立を背景に、西欧と北米の集団防衛のため1949年発足。加盟国は当初12カ国だったが、1952年のトルコとギリシャの加盟以降、順次拡大し、現在は28カ国。東西冷戦終結後は、加盟国以外の周辺国を含めた治安維持にも力点を置く。アフガニスタン、コソボ（旧ユーゴスラビア）への治安部隊を派遣しているほか、ソマリア沖の海賊対策にも部隊を派遣している。

逆為替（ぎゃくかわせ）
　隔地者間の債権・債務を決済するにあたって、債務者からの送金によらず、債権者側から取立を行う場合をいう。輸出者が輸出代金決済のため輸入者宛に荷為替手形を振り出す場合などがこれであって、銀行がこれらの手形を買い取った場合、買為替となる。→並為替

〔逆為替〕

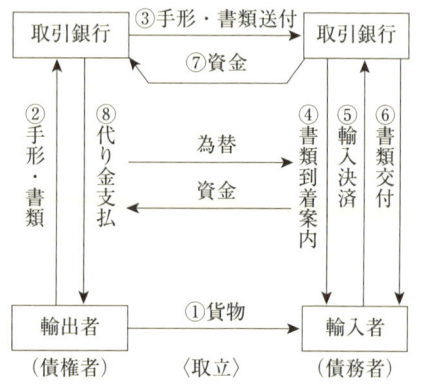

		取引銀行	③手形・書類送付	取引銀行		
			⑦資金 →			
②手形・書類	⑧代り金支払		為替 → ← 資金	④書類到着案内	⑤輸入決済	⑥書類交付
		輸出者（債権者）	①貨物 〈取立〉	輸入者（債務者）		

協調介入（きょうちょうかいにゅう）

関係各国が同時に市場介入すること。
→為替介入

協調融資（きょうちょうゆうし）

大型のプラント輸出などの場合には、株式会社国際協力銀行（JBIC：ジェイビック）と市中銀行とが協調して、中長期の金融を行うことがある。たとえば、本邦の商社、建設会社、エンジニアリング会社の企業体が産油国で石油精製プラントを3年間で建設し、その工事代金をプラント完成後生産される石油精製品の売買代金により10年間の年賦で回収するといったプロジェクトを受注し、工事代金の融資を金融機関が行うという案件である。

居住者（きょじゅうしゃ）

「居住者」とは、本邦内に住所または居所を有する自然人および本邦内に主たる事務所を有する法人をいう。非居住者の本邦内の支店、出張所その他の事務所は、居住者とみなされる（外為法6条5号）。

居住者間の外貨建決済（きょじゅうしゃかんのがいかだてけっさい）

1998年4月の外為法改正により、居住者間の外貨による資金決済が可能になったが、この居住者間の外貨建決済を利用して為替リスクを回避する方法である。たとえば、米ドル建てで輸出代金を回収している輸出業者が、国内の仕入先に買掛金を円貨で支払っている場合、支払を米ドル建てにすることで、為替リスクを仕入先へ転嫁することができる。また、その仕入先が原材料を米ドル建てで輸入している場合には、仕入先にとっても、為替リスクを回避することができる。

居住者・非居住者（きょじゅうしゃ・ひきょじゅうしゃ）

外為法上、居住者とは、日本国内に住所または居所を有する自然人および日本国内に主たる事務所を有する法人をいう。非居住者の日本国内の支店、出張所その他の事務所は、法律上代理権があると否とにかかわらず、その主たる事務所が外国にある場合においても、居住者とみなされる（外為法6条5号）。非居住者とは、居住者以外の自然人および法人のことをいう（同法6条6号）。また、所得税法にも居住者・非居住者の定義が定められている。

拒絶証書（きょぜつしょうしょ）

手形・小切手の支払または引受が拒絶された場合、手形等の所持人が裏書人、振出人（為替手形）に対して償還を請求するにあたり、適法な支払呈示、引受呈示があった事実および支払人がこれを拒絶した事実を証明するために作成される公正証書。これは手形法上の遡求権を行使するための要件ではあるが、統一手形・小切手用紙では「拒絶証書作成不要」の不動文字が記載されており、その作成手続が省略されている。なお、小切手の場合には、支払銀行の拒絶宣言、手形交換所の不渡宣言によっても拒絶証書と同一の効果を達しうる（小切手法39条）。→PROTEST

ギリシャ財政危機（ギリシャざいせいきき）

2010年に、ギリシャにおける多額の財政赤字の発覚で、ユーロ圏そして世界に広がった信用不安および経済危機。2009年10月の政権交代を機に旧政権の財政赤字の隠蔽が明らかになった。国内総生産

の4％と発表されていたが、実際は13％以上にふくらんでいた。欧州連合（EU）が統計の不備を指摘したことから財政悪化が表面化し、格付会社がギリシャ国債の格付を引き下げたことにより国債が暴落した。この影響で、通貨ユーロは急落し、スペインなどの欧州各国にも信用不安が広がり、世界的な経済不安を引き起こした。

銀行間直物相場（ぎんこうかんじきものそうば）

　外国為替市場で、銀行間の為替取引の場合に適用される相場。→インターバンク・レート、市場相場

銀行引受手形（ぎんこうひきうけてがた、B/A：BANKERS ACCEPTANCE BILL）

　輸出入企業が貿易決済のために振り出し、銀行が引き受けた期限付為替手形をいう。米国では、信用力の高い銀行に引き受けられたBA手形が確実な投資対象として、流通市場（BA市場）で売買されている。BA手形を市場に売り出した銀行は、低金利での資金調達が可能になる。この手形の売買は割引の形で行われ、その際の割引率をBAレートという。

銀行保証状（ぎんこうほしょうじょう、BANK GUARANTEE）

　銀行が、債務者の債務不履行の場合、かわってその損害債務保証を引き受けたり、債務不履行による損害賠償を行うことを確約したもの。

銀行ユーザンス（ぎんこうユーザンス、BANK USANCE）

　銀行が輸入者に対して、輸入代金の決済を将来の一定期間にわたって猶予する金融。→アクセプタンス方式、外銀ユーザンス、自行ユーザンス、邦銀ユーザンス、本邦ユーザンス、輸入ユーザンス

金融商品取引法（きんゆうしょうひんとりひきほう）

　従来、業法ごとの縦割りであった金融商品の規制を、投資性の強いものについて横断的に規制するもの。この規制は、各業法に準用され、銀行法では預金契約のなかでも投資性の強いものを特定預金等契約とし、これらの取引を行うにあたっては、適合性の原則や説明義務、契約後の手続などの各種行為規制が課せられている。→適合性の原則

金利裁定（きんりさいてい）

　二国通貨間に金利差があると、高金利通貨の先物相場は金利差の分、直物相場より安くなり、逆に低金利通貨の先物相場は金利差の分、直物相場より高くなることをいう。

金利スワップ（きんりスワップ）

　固定金利と変動金利など、同一通貨で異なる金利の支払を交換する取引のことで、元本の交換は行わない。→通貨スワップ

く

空洞化（くうどうか）

　労働集約産業では、人件費の高い日本国内で生産していては、中国をはじめとした東南アジアの企業に価格競争で、太刀打ちできない。そこで、生産のほとんどを人件費の安い海外へ移すことにな

る。このようにして、製造業が生産部門を海外へ移した場合、日本国内では「産業の空洞化」を招くことになる。特に、トヨタ自動車などの大企業が海外への移転を加速すれば、その分、国内での生産がなくなり、雇用もなくなることになる。さらに、東日本大震災、歴史的円高を契機に下請けの中小企業までもが海外へ進出しており、日本にとっては「根こそぎ空洞化」の危機である。そして、この現象が続くとすれば、当然、国内で生産しないため、必要なものはすべて輸入に頼ることになり、貿易赤字は拡大するばかりである。

組み合わせ決済（くみあわせけっさい）

貿易代金の決済方法については、送金ベースやL/Cベース、D/P・D/Aベースがあるが、実務上は、それぞれの方法が組み合わされて決済されるのが通例である。たとえば、前払送金20％とL/Cベース80％、前払送金30％とD/Aベース70％などの組み合わせでの決済が多くみられる。

組み合わせ送金（くみあわせそうきん）

送金ベースでの決済方法については、前払送金や後払送金、同時決済送金があるが、実務上は、それぞれの方法が、組み合わされて決済されるのが通例である。たとえば、前払送金30％と後払送金70％、前払送金20％と同時送金50％、そして後払送金30％などの組み合わせでの送金決済が非常に多くなっている。→後払送金、前払送金、同時決済送金

クリーン信用状（クリーンしんようじょう、CLEAN CREDIT）

荷為替信用状（DOCUMENTARY CREDIT）に対する用語で、船積書類の呈示を条件としていない信用状をいう。貿易取引において、売主が買主に船積書類を直送し、信用状に基づき為替手形のみ、すなわちクリーンビル（CLEAN BILL）により代金の回収を図る商業信用状はこれに当たる。

クリーン取引（クリーンとりひき）

ドキュメンタリー取引に対する用語。ドキュメンタリー取引のような付帯荷物を表示する書類（インボイス、船荷証券、保険証券等＝船積書類）の添付されていない取引をいう。仕向外国送金、被仕向外国送金、クリーンビル取引等が該当する。貿易取引、貿易外取引いずれでも利用可能だが、貿易外取引の場合は主にこのクリーン取引を利用する。

クリーンビル（CLEAN BILL）

貿易関係の書類が添付されていない手形、すなわち荷落為替手形の意味であるが、小切手類も含めて、このように呼ばれている。英米では、小切手を手形の一種とし、小切手とは銀行を支払人とする一覧払いの為替手形のことを指す。クリーンビルに対して、荷付為替手形、すなわち、貿易関係の書類を伴った為替手形のことをドキュメンタリービル（DOCUMENTARY BILL）という。

グローバル化（グローバルか、GLOBALIZATION）

資本や労働力の国境を越えた移動が活発化するとともに、貿易を通じた商品・サービスの取引や海外への投資が増大することによって、世界における経済的な結び付きが深まること。

グローバル企業（グローバルきぎょう）

国やマーケットの違いを超えて、世界中に同じ商品あるいはサービスを提供し、その質を上げていくことで新しい価値を提供し、市場を創造していく企業のこと。半年に1度、あるいは年に1度といったペースで世界中ほとんど同じ商品を提供したり、リニューアルしたりしながらビジネスを拡大していく。たとえば、シティグループ、アップル、グーグル、ヤフー、マイクロソフト、P&G（プロクター＆ギャンブル）などは、典型的なグローバル企業といえる。

グローバルCMS

グローバル・キャッシュ・マネージメント・サービスのことで、エレクトロニック・バンキングの海外版であり、一部の地域で利用できない場合があるが、海外預金口座の管理のための有効な手段となる。

グローバルスタンダード（GLOBAL STANDARD）

特定の国や企業などに限られた基準ではなく、世界で通用する基準やルールのことで、地球規模での標準化・共通化を意味する。国際標準、国際基準ともいう。経済のボーダーレス化により金融の自由化と国際化が進むなか、世界の経済や企業が共通のルールに基づいて行動しなければ、円滑な活動が進められなくなってきたために重要視されている。

クロス取引（クロスとりひき）

為替取引において、たとえばユーロを買って米ドルを売るなど、日本円を通さない異種外貨間の売買取引をいう。→クロスレート

クロスボーダー取引（クロスボーダーとりひき）

国境をまたがる取引。異なる国との間で行われる取引。

クロスレート（CROSS RATE）

米ドルと米ドル以外の通貨間の交換相場。

〈ユーロの場合の例〉

基準相場	1米ドル＝100円
クロスレート	1ユーロ＝1.30米ドル
裁定相場	1ユーロ＝130円

→CROSS RATE、基準相場、裁定相場

け

経済協力開発機構（けいざいきょうりょくかいはつきこう）→OECD

経済成長率（けいざいせいちょうりつ）

国内総生産（GDP）の伸び率。→GDP

経済連携協定（けいざいれんけいきょうてい、EPA）

特定の国や地域の間で関税を削減・撤廃したり、人の行き来を円滑にしたりすることを約束する協定。自由貿易協定（FTA）よりも広い経済分野が対象。TPPは、関税の原則撤廃や外国企業が投資先の国を訴えられる制度などを含み、EPAより踏み込んだ内容になっている。→TPP、FTA、環太平洋経済連携協定、自由貿易協定

経常収支（けいじょうしゅうし）

各国間における資金の貸借以外の商品やサービスの取引による収支をいい、貿

易取引による収支（貿易収支）と貿易外取引による収支（貿易外収支）を含む。
→貿易収支、貿易外収支、資本収支、国際収支

携帯輸出入（支払手段等の）（けいたいゆしゅつにゅう）

滞在費等、渡航に関する費用の持出しに金額の制限はないが、一定金額を超える現金・小切手等の支払手段等を携帯して外国に持ち出したり外国から持ち帰ったりするとき（出入国時）は、その内容等を税関に届け出なければならない。この外為法での規定は、外為法の実効性の確保および国際的なマネー・ローンダリング防止の観点から導入されたものである。具体的には、円以外の外貨も含めた1百万円相当額（北朝鮮を仕向地とする支払手段等の携帯輸出については、10万円相当額）を超える支払手段等（重量が1kgを超える金の地金を含む）を携帯して輸出または輸入しようとする際に税関長に届出を行う。

契約保証証券統一規則（けいやくほしょうしょうけんとういつきそく、UNIFORM RULES FOR CONTRACT BONDS、URCB524）

1994年にICCが制定した原因契約と付従性のある保証に関するルールで、主に、損害保険会社・保証会社が利用する。

契約保証に関する統一規則（けいやくほしょうにかんするとういつきそく、UNIFORM RULES FOR CONTRACT GUARANTEES、URG325、URCG325）

1978年にICCが制定したルールで、受益者による保証実行条件（判決書・仲裁裁定書を要求）が厳格すぎたため、普及していない。

契約履行保証（けいやくりこうほしょう、PERFORMANCE BOND）

国際入札の落札者や輸出者に対して、契約の相手方である発注者や輸入者から、契約の確実な履行の担保として保証金の差入れを要求されることがある。特に、多額の契約あるいは納期まで長期間を要する場合には、担保としての保証金を要求される。この場合、保証金が現金で差し入れられることはまれで、通常は銀行の保証状により対応する。このような保証を契約履行保証という。保証金額は、通常、契約金額の10％前後である。

〔契約履行保証〕

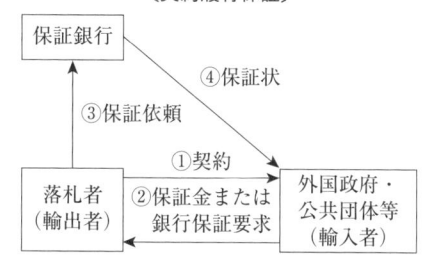

```
          保証銀行
         ↗      ↘
   ③保証依頼    ④保証状
     ↑            ↓
   落札者   ①契約    外国政府・
  (輸出者) ─────→  公共団体等
         ②保証金または  (輸入者)
          銀行保証要求
         ←─────
```

ケース・マーク（CASE MARK）→シッピング・マーク

ケーブル・ネゴ→ケーブル・ネゴシエイション

ケーブル・ネゴシエイション（CABLE NEGOTIATION）

ディスクレのある船積書類の買取依頼を受けた買取（予定）銀行が、直接、信用状発行銀行に電信でディスクレの内容を知らせるとともに買取の可否を照会する方法。照会を受けた信用状発行銀行は、このディスクレの内容を輸入者に伝え、その結果を電信で買取（予定）銀行

に回答する。買取（予定）銀行は発行銀行からの「買取可」の回答を待って買取に応じるかどうか決定する。このケーブル・ネゴに対する回答の効果は、当該ディスクレに限り有効である。信用状の条件変更と異なり、将来、同一内容のディスクレがある場合の買取にまで承諾を与えるものではない。通常、信用状の条件変更を待つ時間的余裕がない場合に利用される。→ディスクレパンシー

決済銀行（けっさいぎんこう、R/A：REIMBURSEMENT AGENT）

外国為替の取扱銀行が、顧客の依頼を受けて送金、輸出入などの外国為替取引をする場合、相手方の取引銀行と資金授受を行う必要がある。その取引銀行をデポコルレス先で、その銀行に取引通貨の預け金勘定があるか当方に預り金勘定がある場合は、その口座を通して資金授受ができるが、その取引銀行が、ノンデポコルレス先の場合あるいはデポコルレス先であっても取引通貨の口座がどちらの銀行にもない場合には、原則として、銀行の双方が取引通貨の預金口座を開設している第三の銀行を通して資金の授受を行う。この第三の銀行のことを、決済銀行という。

決済ビジネス（けっさいビジネス）

お金のやりとりに関して銀行などが提供するサービスの総称。国内外への送金や企業の資金管理システムの提供、輸入代金の支払確約、外貨の融通が含まれる。最近は企業が海外でサプライチェーン（供給網）を構築する際に取引先を紹介するなど、決済周辺の支援業務も対象になっている。

検査証明書（けんさしょうめいしょ、INSPECTION CERTIFICATE, CERTIFICATE OF INSPECTION）

貨物の輸出者、製造業者または検査機関等が貨物の品質・数量・価格について検査を行ったことを証明する書類。国によっては、指定検査機関による所定の船積前検査を義務づけている。また、売買契約どおりの貨物が出荷されるようにするため、信用状条件として輸入者が指定する検査員が発行した検査証明書を要求することもある。

原産地証明書（げんさんちしょうめいしょ、CERTIFICATE OF ORIGIN）

国際間の条約によって、輸入税を免除・軽減するために、商品の産地国を証明する書類。また、最近では、偽装問題や食の安全性が話題になっており、製造国や生産国が注目されている。その観点からも、船積書類の1つとして要求されることが多くなっている。

源泉分離課税制度（げんせんぶんりかぜいせいど）

給与所得や事業所得等を合算して課税額を計算する「総合課税」と異なり、別勘定で所得を計算し税金を徴収する「分離課税」のうち、所得の支払人によって源泉徴収される方法をいう。確定申告の過程で他の所得と合算せずに分離して課税される「申告分離課税」の対極にある概念である。分離課税は、総合課税に比べて税率の累進性がないという特徴をもつ。定期預金、貸付信託、公社債などの利子所得や、定期積金、相互掛金の給付補てん金、抵当証券利息、金投資（貯蓄）口座の利息、外貨定期預金の為替差

益、一時払養老保険や一時払損害保険の差益には、原則としてすべて20％の源泉分離課税が課せられ、支払を受ける際に税金が差し引かれることによって課税関係が終了することとなる。

現地貸付（げんちかしつけ）

本邦の銀行が、海外支店またはコルレス銀行を通して行う企業の現地法人などに対する貸付。融資の内容は、運転資金や設備資金、輸出入金融などさまざまである。

現地銀行発行方式（げんちぎんこうはっこうほうしき）

保証状（BOND、L/G）の発行形態で、受益者に対して発行依頼人の取引銀行が海外現地のコルレス先に裏保証を行い、そのコルレス先に保証状の発行を依頼する方式。→THEIR ISSUE、裏保証方式

権利行使（けんりこうし）

オプションの購入で手に入れた権利を、期日に一定の相場で実際に用いること。→通貨オプション

こ

航空貨物運送状（こうくうかもつうんそうじょう、AIR WAYBILL）

貨物が国際航空貨物で運送される場合に、運送人が発行する書類で、国際航空貨物の運送契約が締結されたことを示す証拠書類かつ貨物の受領証となる。船荷証券のような有価証券ではない。

交互計算（こうごけいさん）

一定期間の複数の債権と債務の清算方法である貸借記を継続して行うこと。貸借記が単発の取引であるのに対し、交互計算は、本支店間、関連会社間または長年の取引先との間など、継続的取引関係がある場合に利用される。→ネッティング、相殺、貸借記

口座振込（こうざふりこみ、ADVISE AND CREDIT）

受取人の銀行口座に入金するときは、依頼書の口座振込にマークし、口座番号と口座を保有する支払銀行・支店を明確に記入する。この支払方法を入金払ともいう。欧州域内におけるユーロ建送金については、支払銀行のBIC（BANK IDENTIFIER CODE）および受取人にIBAN（アイバン、INTERNATIONAL BANK ACCOUNT NUMBER）コードの記入が義務づけられているので、欧州域内向けのユーロ建送金では受取人から連絡を受けたBICコードおよびIBANコードを受取人口座番号欄に記入する。

公示相場（こうじそうば）

銀行は、毎朝（米ドルは、午前10時頃）、インターバンク・レートの値動きを眺めながら、主要通貨について当日の対顧客相場を算定して公示（公表）する。インターバンク・レートの変動にあわせてそのつど対顧客相場を変更することは、銀行と顧客の双方にとって不便であるため、小口の外国為替取引についてはこの公示相場を適用する。店頭に掲示したり、所定用紙に印刷して配付することで公示する。印刷したものをFOREIGN EXCHANGE QUOTATIONSと

いい、略して「クォーテーション」(外国為替相場表) と呼ぶ。

公示仲値(こうじなかね、CENTRAL RATE、TTM)

銀行と顧客との間で取引される為替相場、すなわち対顧客直物相場の中心値、基準値。この公示仲値に銀行の為替手数料が加減されて、電信売相場や電信買相場が決定される。→電信売相場、電信買相場

購買力平価説(こうばいりょくへいかせつ)

物価が上昇すれば通貨の価値つまり購買力が下落し、他国と比べて、その国の通貨の価値は低下し、安くなるという理論。たとえば、日本のインフレが激しく、物価が米国と比べて割高だったとすると、日本の競争力は低下する。これは経常収支のマイナス要因であり、すなわち円安要因となる。

コール・オプション(CALL OPTION)

外貨を一定相場(行使価格、ストライクプライス)で買う権利。→通貨オプション

国外送金等調書提出制度(こくがいそうきんとうちょうしょていしゅつせいど)

1998年4月から、「国外送金等調書法」が施行され、この法律に基づく制度のことを「国外送金等に係る調書提出制度」という。国境を越える資金移動が活発化、多様化していくなかで、適正・公正な課税の確保を図るために、国税当局による国際的な取引や海外での資産形成などを把握する目的で導入された制度である。→国外送金等調書法

国外送金等調書法(こくがいそうきんとうちょうしょほう)

正式名は「内国税の適正な課税の確保を図るための国外送金等に係る調書の提出等に関する法律」。1998年4月「外為法」が改正されたことに伴い、国境を越える資金の流れが活性化することが予想されたため、納税義務者が国際取引等で租税回避行為を行うことを防止するとともに納税義務者の対外取引および国外にある資産を国税当局が把握して適正な課税の確保を図る目的で立法化された。

国際業務(こくさいぎょうむ)

銀行の三大業務である預金・貸付・為替の「国際版」をいう。

国際協力銀行(こくさいきょうりょくぎんこう)

株式会社日本政策金融公庫(全額政府出資)の国際金融部門。英称：JAPAN BANK FOR INTERNATIONAL CO-OPERATION、略称：JBIC(ジェイビック)、http://www.jbic.go.jp

国際金融(こくさいきんゆう)

融資・貸付・保証業務の「国際版」であり、資金を融通し合う行為が国際間、つまり国をまたいで行われることをいう。

国際金融のトリレンマ(こくさいきんゆうのとりれんま)

国際金融政策において、「金融政策の独立性」「為替相場の安定」「資本の自由移動」の3つを同時に達成できないことを指す。たとえば、日本や米国は、「金融政策の独立性」と「資本の自由移動」を実現したかわりに、「為替相場の安定」を放棄し、変動相場制を採用している。中国では、「金融政策の独立性」と「為替相場の安定」を確保するために、「資

本の自由移動」を規制している。

国際収支（こくさいしゅうし）

　ある国の一定期間中の、あらゆる対外経済取引をいう。ここでいう対外取引とは、居住者と非居住者との取引を原則とし、その取引の内容は、①財貨・サービスの収支、②移転収支、③資本収支の3つに基本的には分類できる。なお、国際収支とはフロー、すなわち期間に関する概念であり、一定時点でのある国の対外債権債務の状況を示すストックとしての対外資産負債残高と対比される。

国際収支説（こくさいしゅうしせつ）

　為替相場は、需給で決まり、その需給は国際貸借状況によって決まるという理論である。すなわち、経常収支に注目するのが国際収支説である。国際収支は「経常収支」と「資本収支」に大別できる。資本収支とは金（カネ）の貸借である。一方、経常収支とはそれ以外、つまり商品やサービスの取引で、貿易収支、貿易外収支などを含む。日本の経常収支が赤字であると、円を売って外貨を買い、外国に外貨で支払う必要があり、円安要因になる。一方、日本が黒字の場合には、外国は外貨を売って円を買って日本に支払うので、円高要因になる。

国際商業会議所（こくさいしょうぎょうかいぎしょ、ICC：INTERNATIONAL CHAMBER OF COMMERCE）

　信用状統一規則（UCP600）やインコタームズの制定など国際間取引のルールづくりや、紛争調停などを目的とする、国際的民間経済団体。各国の商業会議所が統一した協議の場をつくるために、1920年発足し、フランスのパリに本部がある。

国際通貨（こくさいつうか）

　米ドル、ユーロ、日本円、英ポンドのように、通貨としての主要な役割を果たしているもの。→基軸通貨、主要通貨

国際通貨基金（こくさいつうかききん）

　→IMF

国内総生産（こくないそうせいさん、GROSS DOMESTIC PRODUCT）　→GDP

国民総生産（こくみんそうせいさん、GNP：GROSS NATIONAL PRODUCT）

　国民総支出に対する供給面（最終生産物に対する費用）を表し、1国の国民によって一定期間（通常1年）に生産された総生産額から二重計算を避けるために、中間生産物の額を差し引いたもの。つまり、国民経済全体の粗付加価値の合計である。年々の実質的な価値を比較する場合はデフレーターで修正して、実質国民総生産を算出する。

個人金融資産（こじんきんゆうしさん）

　個人が保有する現金、預金、投資信託、株式、保険などの金融資産のこと。日本の場合、現金・預金での保有が約60％と最も大きく、投資信託・株式などの有価証券で保有している割合は約15％にとどまる。一方、米国では有価証券の比率が50％超で、現金・預金の割合は約15％にとどまっており、日本の状況と逆転している。

固定金利（こていきんり）

　適用期間中、ずっと金利が変わらないこと。→変動金利

固定相場制（こていそうばせい、FIXED EXCHANGE RATE SYSTEM）

　政府がきわめて強力に為替市場に介入

するなどして、外為相場を固定するか、またはきわめて狭い変動幅に制限する制度。→変動相場制

コベナンツ（COVENANTS、財務制限条項）

コベナンツとは、本来は契約の根本をなす約束事を意味し、英米の融資契約ではCOVENANT CLAUSEを設けて、契約当事者が互いに義務履行を誓約する形状がとられる。わが国では、特定の財務指標を一定値以上に維持することをあらかじめ約定し、それに違反した場合には、期限の利益の喪失や融資条件の見直しを行うことができる特約条項を意味することが多い。

コマーシャルペーパー（CP：COMMERCIAL PAPER）

優良企業が無担保で短期の資金調達を行うために割引方式で発行する有価証券。約束手形の性質を有し、主に機関投資家向けに販売されている。2003年1月、「社債、株式等の振替に関する法律」が施行され株式会社証券保管振替機構（通称「ほふり」）を振替機関として発行されるペーパーレス化されたコマーシャルペーパー（CP）の発行が可能となった。

コミットメントライン契約（コミットメントラインけいやく）

銀行と取引先との間で、あらかじめ借入限度額を設定しておく契約をいう。取引先は一定の期間および借入限度額の範囲内で、意思表示により、金銭消費貸借を成立させる権利をもつ。一方、銀行は、実際の融資に対する金利とは別に、手数料を徴収するが、この点で当座貸越と異なる。この手数料は、1999年3月に施行された特定融資枠契約法により、利息制限法や出資法の上限金利規制から除外されることになった。

コルレス勘定（コルレスかんじょう）→預り金勘定、預け金勘定

コルレス銀行（コルレスぎんこう、CORRESPONDENT BANK）

銀行が海外の他行と外国為替取引を行うためには、あらかじめ取引条件を定めたり、認証キーの交換等を行う必要がある。これをコルレス契約といい、この契約の相手銀行のことを、わが国では、コルレス銀行またはコルレス先と呼んでいる。→コルレス契約

コルレス契約（コルレスけいやく）

国際間の資金決済などのために銀行が外国の銀行と結ぶ為替業務の代行契約のこと。コルレスとは、コレスポンデント（CORRESPONDENT）の略で、銀行が外国為替取引を行う場合、外国の銀行と取引上の一般的事項についてあらかじめ契約を結ぶことをいう。→コルレス銀行

コルレス先（コルレスさき）→コルレス銀行

コルレス先支払手数料（コルレスさきしはらいてすうりょう）

現地の支払銀行が送金代り金を受取人に支払う際に徴収する手数料や、別の銀行を経由して支払銀行に送金を依頼する場合でその経由銀行で発生する手数料のことをいう。原則、受取人負担扱いとされるが、入学金や株式払込資金等のように送金金額から差し引かれた場合に問題となる取引については、依頼人負担として受け付け、支払銀行に直接発信する。ただし、依頼人負担を選択しても、別の

銀行を経由する場合は依頼人負担の指示が支払銀行に届かない等の理由で、支払銀行の手数料が差し引かれる可能性がある。また、支払銀行の方針で手数料を受取人から徴収するケースもある。したがって、顧客には全額で受け取れない可能性があることを十分説明のうえ受け付ける必要がある。

コルレス・リスト
　コルレス銀行を国・地域ごとに区分した一覧表のこと。営業店が外国送金を受け付けた場合に、支払地における仕向先としてコルレス銀行を選定する場合などに利用される。

コンプライアンス（COMPLIANCE）
　法令や法秩序を厳格に遵守すること。「法令等遵守」と訳されることもあり、遵守の対象も、法令そのもののみならず、社会規範や職業倫理を含むとされる場合も多くみられる。かつて、総会屋に対する違法な利益供与や金融検査における不正貸出等の組織的隠蔽等、銀行等による不祥事が多発し、法令や社会規範に違反した銀行等の企業の行動が厳しく問われ、昨今、企業によるコンプライアンス態勢の確保が叫ばれている。たとえば、1997年、全国銀行協会連合会（現在の一般社団法人全国銀行協会）は、銀行の社会的責任の重要性を再確認するとともに、社会からの信頼回復を図るため、銀行役職員の行動指針として「倫理憲章」を制定した。また、2005年11月、全国銀行協会は倫理憲章を改定した「行動憲章」を発表している。

梱包明細書（こんぽうめいさいしょ）→パッキングリスト

さ

サーキュラー（CIRCULAR）
　取引希望を述べた申込状。取引の勧誘状。回状。同一文章で多数の取引先に送付する文書。

サービス収支（サービスしゅうし）
　海外旅行などに伴う収支。→国際収支、経常収支

採算レート（さいさんレート）
　輸出入や外貨預金など外為相場が絡む取引で、利益（儲け）が確保できる採算相場。

裁定相場（さいていそうば）
　東京外国為替市場では、米ドルとユーロ以外の通貨の対円の市場相場は、建値されていない。そのため、米ドル以外の通貨の公示相場は、米ドルの公示仲値（基準相場）と午前10時頃東京外国為替市場で取引されている当該通貨の対米ドル相場（クロス・レート）から間接的に算出される。このように間接的に算出された相場のことを「裁定相場」という。
〈英ポンドの場合の例〉

基準相場	1米ドル＝100円
クロス・レート	1英ポンド＝1.60米ドル
裁定相場	1英ポンド＝100円×1.60＝160円（英ポンドの公示仲値）

サイボス（SIBOS）
　スイフトが主催する世界最大級の国際金融会議。世界中の銀行や証券の業界関

係者のほかに、一般の事業会社やシステム会社、中央銀行の幹部らも参加する。1978年から開催されており、近年は3年に1回の頻度で、アジア・太平洋地域で開催されている。資金決済分野のほかにも、金融機関のリスク管理システム、経営問題等、幅広いテーマが議論される。

債務不履行（さいむふりこう）　→デフォルト

サイレント・コンファーム（SILENT CONFIRM）　→サイレント・コンファメーション

サイレント・コンファメーション（SILENT CONFIRMATION）

相手国にカントリーリスクがある場合や信用状発行銀行の信用に不安がある場合には、輸出者は、確認信用状を要求する。信用状に確認が加えられていなくても、輸出者の依頼に基づき確認手数料の支払を条件として取引銀行が信用状に確認を加えることがある。これを、サイレント・コンファメーションという。これにより、輸出者は、カントリーリスクや信用状発行銀行の信用リスクから解放され、信用状条件どおりに書類を呈示すれば、決済の心配をする必要はない。

先物為替相場（さきものかわせそうば、FORWARD EXCHANGE RATE）

先物為替取引に適用される外国為替相場で、単に先物相場ともいう。通常、先物為替相場は、外貨を基準として、プレミアム、ディスカウントという形で表される。プレミアムとは、外貨の先物の価値が直物為替相場より高い場合をいい、円を基準に考えると円安ということになる。ディスカウントとは、外貨の先物の価値が直物為替相場より低い場合をいい、円を基準に考えると円高ということになる。→直物為替相場

先物（為替）予約（さきもの（かわせ）よやく）

対顧客先物為替取引をいい、将来、外貨の受取または支払が予定されている場合、現時点での所定の先物相場でその外貨を売却もしくは買入れの約定をすること。貿易業者が外貨建てで輸出入契約を締結した場合、契約時点から代金の受払日までは相当の期間を要するので、その間の為替リスクを回避するためにこの先物予約が利用される。

サブプライムローン（SUBPRIME LOAN）

米国で発生した比較的信用度の低い借り手に対する住宅ローンで、弁済が滞っても高い金利設定と融資対象の不動産の値上り益での債権回収を目論んでいたが、住宅バブルの崩壊により大量の焦付き債権が発生した。サブプライムローン等の住宅ローン債権を担保とした証券化商品が大量に発行され流通していたため、それらを多く抱えていた欧米の金融機関の経営は悪化し、2008年9月には大手証券会社のリーマン・ブラザーズが経営破綻に陥った。

サプライチェーン（SUPPLY CHAIN）

部品供給網。

サプライヤーズ・クレジット（SUPPLIER'S CREDIT）

銀行が輸出者（サプライヤー）に対して資金を融資する形態。

サミット（SUMMIT）

主要国首脳会議で、首脳の地位を山頂に擬えたもの。→G7、G8

サレンダードB/L（SURRENDERED B/L）

サレンダードB/Lとは、元地回収されたB/Lのことで、通常のB/Lが発行された後、荷送人の依頼によりオリジナルB/L（B/L原本）が船会社に回収され、荷送人には"SURRENDERED"と表示されたオリジナルB/Lのコピーが交付される。船会社は、サレンダードB/Lであることを輸入地の船会社または代理店に電子メール等で連絡する。これにより、荷受人は船会社にオリジナルB/Lを提示することなく、貨物を引き取ることができる。信用状取引において運送書類としてサレンダードB/Lを許容する場合には、信用状に"SURRENDERED NON-NEGOTIABLE COPY OF B/L IS ACCEPTABLE"というような文言が記載される。近距離の海上輸送では、貨物の到着のほうが船積書類の到着よりも早くなることが多いため、最近では、通常の船荷証券（B/L）にかわってサレンダードB/Lが利用されるようになっている。

〔サレンダードB/Lの仕組み〕

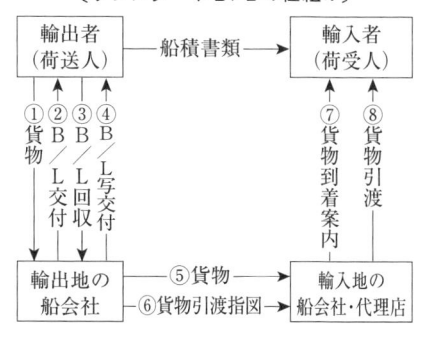

```
┌─────────┐  船積書類  ┌─────────┐
│ 輸出者  │ ────────→ │ 輸入者  │
│(荷送人) │            │(荷受人) │
└─────────┘            └─────────┘
  ↑↓↑↓                   ↑  ↑
  ①②③④                  ⑦  ⑧
  貨B B B                 貨  貨
  物/ / /                 物  物
   L L L                  到  引
   交 回 写                着  渡
   付 収 交                案
        付                内
  ↓ ↑                      ↑  ↑
┌─────────┐  ⑤貨物    ┌─────────┐
│輸出地の │ ────────→ │輸入地の │
│船会社   │ ⑥貨物引渡指図 │船会社・代理店│
└─────────┘            └─────────┘
```

産業の空洞化（さんぎょうのくうどうか）
→空洞化

三国間貿易（さんごくかんぼうえき）　→仲介貿易

し

シーウェイビル（SEA WAYBILL）

船会社などの運送人が発行する貨物受取証であり、海上運送契約を証する証拠書類である。裏書によって運送契約上の権利を譲渡することはできない。シーウェイビルの場合は、荷受人を特定することにより、荷受人が貨物の到着後に海上貨物運送状の呈示を必要とせずに貨物を引き取ることができるため、貨物の引渡を迅速化することができる。また、万一紛失しても、荷受人には第三者が貨物引取の権利を取得するというリスクはない。有価証券でなく、流通性のないことから、流通不能なシーウェイビル（NON-NEGOTIABLE SEA WAYBILL）または流通性のないシーウェイビルともいわれる。信用状統一規則（UCP600）では、第21条に受理要件が規定されている。

ジェトロ（JETRO）

貿易、海外進出などの外為取引・国際業務についてのオール・マイティーの政府系機関。正式には、独立行政法人日本貿易振興機構、英称JAPAN EXTERNAL TRADE ORGANIZATION（JETRO）、http://www.jetro.go.jp

直先スプレッド（じきさきスプレッド）　→

スワップ・スプレッド
直はね（じきはね）
　輸入金融において、輸入者が金利や為替相場の関係から外貨金融にかえて最初から国内円金融を利用すること。円シフトともいう。外貨ユーザンスなどの貿易金融が、国内金融に直接はね返ったということで、直はねという用語を使用している。

直貿（じきぼう）　→直接貿易
直物為替相場（じきものかわせそうば、SPOT EXCHANGE RATE）
　直物為替取引に適用される外国為替相場で、先物為替相場の基準ともなる。単に直物相場または現物相場ともいう。→先物為替相場

自行ユーザンス（じこうユーザンス）
　輸入者の取引銀行が、自己の資金で輸入者にかわって対外支払を行い、輸入者の支払を一定期間猶予するものである。これは、本邦の銀行が自己の資金を使用することから「本邦ローン」または「OF（OWN FINANCE）」とも呼ばれ、最も一般的なユーザンスである。→邦銀ユーザンス、本邦ユーザンス

自国通貨建相場（じこくつうかだてそうば）
　わが国での外国為替相場は、USD1.00＝YEN100.00のように表示する。このように、米ドル（外国通貨）1単位の価値を円（自国通貨）で測る表示方法を自国通貨（邦貨）建てという。なお、通貨略号は、日本円がYEN、米ドルがUSD、ユーロがEUR、英ポンドがGBP、スイスフランがCHF、というようにISO国際標準に基づく通貨コード（3桁のアルファベット）が用いられている。通貨略号については、巻末資料3「主要国の通貨名・通貨コード」の「CODE」を参照。

資産担保証券（しさんたんぽしょうけん、ABS：ASSET BACKED SECURITY）
　企業が保有する売掛債権・リース債権・不動産などの資産を、企業から分離し、その資産から生じる利益を裏付けとして発行される証券の総称。したがって、企業の信用力ではなく、資産から生ずるキャッシュフローに依存しているといえる。ABSのメリットは、低コストで資金調達ができること、資金調達の多様化ができること、オフバランス化ができることなどがあげられる。

市場介入（しじょうかいにゅう）　→為替介入

市場相場（しじょうそうば）　→銀行間直物相場、インターバンク・レート

市場連動相場（しじょうれんどうそうば）
　公示相場建値後の大口の外国為替取引（たとえば、1件10万米ドル相当額以上の取引）などでは、その取引時点での市場実勢相場に連動して対顧客適用相場を決定する。これを市場連動相場という。この場合、市場実勢相場に連動して対顧客相場を決定するため、為替相場の変動に左右されず、銀行のマージンを確保することができる。

シッパーズユーザンス（SHIPPER'S USANCE）
　輸入ユーザンスの一方式で、海外の輸出者自らが、銀行信用によらず、輸入者に対して一種の短期クレジットともいうべき代金支払猶予の便宜を直接供与すること。この方式は、通常、荷送人

(SHIPPER)の資力と輸入者の信用が十分である場合において利用される。外国の現地法人や密接な関係にある取引先との間等で利用されている。

シッピング・マーク（SHIPPING MARK, MARK FOR EXPORT）

輸出貨物の運送保管にあたって、その貨物を区別しやすくし、混同せずに確実に買主に引き渡されるようにするため、輸出貨物にシッピング・マーク（荷印）がつけられる。これは通常バラ積みの貨物以外の裸貨物、包装貨物の外装に表記される。このシッピング・マークは当該貨物の送り状、船荷証券等の船積書類にも記入されるので、貨物と書類との照合に役立つ。

シティー（CITY）

ロンドン中心部に位置する自治区「シティー・オブ・ロンドン」の略称。1世紀にローマ人がテムズ川沿いに築いた都市で、ロンドン発祥の地とされる。イングランド銀行やロンドン証券取引所、民間金融機関が集まる金融街の呼び名としても使われる。世界の為替取引の37％を占める世界最大の金融センター。英国の金融業は、シティーを舞台に、全体の国内総生産（GDP）の10％弱を稼ぎ出している。

支払指図書（しはらいさしずしょ、P/O：PAYMENT ORDER）

送金銀行が仕向先銀行に対し、一定金額を受取人に支払うよう指図する際に使用する指図書。

支払手段（しはらいしゅだん）

「支払手段」とは、次に掲げるものをいう（外為法6条7号）。

① 銀行券、政府紙幣、小額紙幣、硬貨
② 小切手（旅行小切手を含む）、為替手形、郵便為替、信用状
③ 証票、電子機器その他の物に電磁的方法により入力されている財産的価値であって、不特定または多数の者相互間での支払のため使用することができるもの
④ 約束手形、その他①または②に準ずるもの

支払手段等（しはらいしゅだんとう）

「支払手段等」とは、支払手段、証券、貴金属をいう（外為令8条1項）。

支払承諾約定書（しはらいしょうだくやくじょうしょ）

荷物引取保証（L/G）、関税消費税延納保証の与信取引を開始するときは、銀行取引約定書のほか、銀行は、顧客から支払承諾約定書の提出を受ける。

支払通知書（しはらいつうちしょ、P/A：PAYMENT ADVICE）

支払指図書等により、支払ったことを依頼人に連絡する通知書。

支払等（しはらいとう）

「支払等」とは、支払または支払の受領をいう（外為令6条）。

支払保証状（しはらいほしょうじょう、PAYMENT GUARANTEE）

信用状の発行にかえて、銀行が輸入者の信用リスクを保証する書状。

信用状取引は、輸入者と輸出者への信用供与および貿易代金の決済手段として優れた仕組みであるが、取引量がふえた場合には、事務負担がネックになってくる。そこで、信用状にかわり、輸出者への代金支払を保証する銀行保証書（バン

クギャランティー）すなわち、支払保証状を発行することを条件として、輸入代金の決済方法を後払送金ベース取引に変更することで、事務負担の軽減を図るものである。信用状の発行および管理に関する事務負担が軽減できるほかに、信用状取引よりも銀行に支払う手数料などのコスト負担が少なくて済むこと、輸出者は船積書類を迅速に入手できることなどのメリットがある。また、支払保証状は通常、一定期間において一定金額の支払を保証する形態をとるので、輸出者は個別の信用状条件に拘束されずに安心して、船積みができる。

支払渡（しはらいわたし、DOCUMENTS AGAINST PAYMENT）

　手形の支払と引き換えに輸入者に書類を引き渡すという条件。したがって、代金の支払と書類の引渡とが同時履行の関係になり、書類が船荷証券のような有価証券を含んでいる場合は、貨物を代金と引き換えに引き渡すのと同じ効果がある。→D/P、DOCUMENTS AGAINST PAYMENT

資本収支（しほんしゅうし）

　各国間における資金の貸借による収支をいい、他国に対する投資と負債を含む。

資本取引（しほんとりひき）

　物やサービスの移動を直接伴わない資金の移動そのものが目的とされる対外取引のことをいう。これは、物やサービスの移動を直接伴う経常取引（代表的なものとして輸出、輸入があげられる）に対比する概念としてとらえられる。資本取引は形態によって直接投資、輸出延払＝信用供与、借款の供与、証券投資などに分けられ、取引主体によって政府取引と民間取引に分けられる。また、資金の貸借期間によって、契約期間が1年以上または株式のように契約期間の定まらないものを長期資本取引、それに対して要求払や契約期間が1年未満のものを短期資本取引という。

仕向銀行（しむけぎんこう）

　顧客から送金、振込みの依頼を受けた銀行をいう。資金を受け入れて、それを指定された銀行に送ることを仕向けるといい、その資金を送る銀行を仕向銀行という。→被仕向銀行

仕向店（しむけてん）

　顧客から送金、振込みの依頼を受けた取扱店をいう。→被仕向店

シャドーバンキング　→影の銀行

自由貿易協定（じゆうぼうえききょうてい、FTA）

　特定の国と地域との貿易で関税をゼロにするもの。→TPP、EPA、環太平洋経済連携協定、経済連携協定

重量容積証明書（じゅうりょうようせきしょうめいしょ、CERTIFICATE OF WEIGHT AND MEASUREMENT, CERTIFICATE AND LIST OF MEASUREMENT AND/OR WEIGHT）

　検量業者によって、船積書類と船積み前の貨物の荷印・個数が照合されたうえ、貨物の重量・容積が測定され証明される書類で、運賃計算の基礎資料とされるものである。また、特に貨物の性質上、インボイスに記載の重量・容積どおりの貨物であることを第三者に証明してもらうために、船積書類の一部として輸

入者側が要求するケースもある。

受益者（じゅえきしゃ）
　信用状による利益をいちばん受けるのは輸出者である。そこで、信用状取引では輸出者のことを受益者という。また被仕向送金取引では受取人のことを、輸出関連保証（ボンド）取引では輸入者のことを、受益者という。→BENEFICIARY、EXPORTER、SELLER、ベネ

主要国首脳会議（しゅようこくしゅのうかいぎ）
　G8サミット。→G5、G7、G8、G20、新G5

主要通貨（しゅようつうか）
　国際的な市場で取引される通貨で、取引量も取引参加者も多いメジャー通貨をいう。具体的には、米ドル、ユーロ、英ポンド、日本円、スイスフランのこと。主要通貨が絡む為替取引は総取引量の約75％を占める。→マイナー通貨、エマージング通貨

主要20カ国・地域（G20）財務相・中央銀行総裁会議（しゅようにじゅっかこく・ちいき（ジートウェンティ）ざいむしょう・ちゅうおうぎんこうそうさいかいぎ）
　1999年にでき、毎年数回、世界経済の安定や成長などを話し合う。開催国は持ち回りで決める。G7にロシア、メキシコ、韓国、中国、インド、インドネシア、ブラジル、アルゼンチン、オーストラリア、南アフリカ、トルコ、サウジアラビア、欧州連合（EU）の国・地域が加わった。2008年秋のリーマンショック後、新興国が加わるG20の存在感が高まっている。→G5、G7、G8、G20、新G5

しょとくし

商業送り状（しょうぎょうおくりじょう、COMMERCIAL INVOICE）
　売主（輸出者）が買主（輸入者）に宛てて発行する貨物の出荷案内書、計算書、請求書となる書類。通常、商品名、数量、品質、建値、単価、金額、その他の売買・船積みに関する事項を記載し、売主が署名する。手形金額、保険金額等の算定基礎となり、輸入地においては、貨物の通関上、不可欠の重要書類である。運送書類、保険書類とともに荷為替取組みの際の付属書類の一部となる。→インボイス

商業手形（しょうぎょうてがた）
　売買等の現実の商取引を原因として、代金の支払その他の目的のために振り出された手形。商品代金決済のためであるところから、商品手形とも呼ばれている。なお、商業手形は現実の商取引を原因としているのに対し、いわゆる融通手形は、こうした背景をもたない。

譲渡可能信用状（じょうとかのうしんようじょう、TRANSFERABLE CREDIT）
　受益者が、当該信用状の全額または一部の使用を、受益者以外の者に譲渡することをあらかじめ許容している信用状のこと。

食料自給率（しょくりょうじきゅうりつ）
　国内で流通している食物のうち、国内生産の割合を示す指標。食物のカロリーを足し合わせて計算している。日本の場合、1965年度には73％であったが、2011年度は39％である。

除斥期限（じょせききげん）　→保証債務履行請求期限

所得収支（しょとくしゅうし）

外国証券や海外子会社などからの利子・配当収入を示すもの。→国際収支、経常収支

書類点検（しょるいてんけん）

銀行の信用状付輸出為替の買取は、信用状発行銀行の支払確約を荷為替手形決済の拠り所にしているが、この支払確約が確実に履行されるためには、信用状条件どおりの書類を買い取ることが前提になる。このため、銀行は、買取時に、信用状と各種書類間はもちろんのこと、書類相互間の整合性も含め、厳格な書類点検を行う。具体的な点検内容については、巻末資料5「書類（ドキュメンツ）点検のためのチェックリスト」を参照。

書類取引性（しょるいとりひきせい）

信用状取引において、銀行は、書類を取り扱うのであり、その書類が関係することのできる物品（GOODS）、サービス（SERVICES）または履行（PERFORMANCE）を扱うものではない（UCP600第5条）。したがって、呈示された書類（ドキュメンツ）が信用状条件を充足していれば、信用状発行銀行は支払を行わなければならない。

シングルL/G（シングルエルジー、SINGLE L/G）

信用状発行銀行の連帯保証のない、輸入者の単独署名による保証状のことをいう。通常のL/Gもシングルレ/Gも船積書類到着前の荷物引取りという輸入者の目的は同じであるが、シングルL/Gの場合は、輸入者が単独で船会社にL/Gを提出して荷物を引き取るという点が、通常のL/Gと異なる。→荷物引取保証、保証状、L/G

新公示相場（しんこうじそうば）

市場実勢相場が当日の公示相場（仲値）から2円以上乖離したときには、再建値する。この再建値後の相場のことを、新公示相場という。これは、小口為替についても対顧客相場をその時点の市場実勢相場をベースとして建て直し、すべての取引について適正な利益を確保しようとするものである。

新G5（しんジーファイブ）

米国、欧州連合（EU）、日本、中国、英国の5カ国・地域。→G5、G7、G8、G20

新BIS規制（バーゼルⅡ）（しんビスきせい（バーゼルツー））

国際決済銀行（BIS）のバーゼル銀行監督委員会から、2004年6月に公表された自己資本比率規制。新BIS規制という場合、バーゼルⅡに対応する規制を指す。①リスク計算の精緻化、②金融機関の自己管理と監督上の検証および③開示の充実を通じた市場規律を3本の柱とする。具体的には、銀行の信用リスクの計算方法をより精緻なものとしており、債権に乗じるリスク率を、債務者格付や規模に応じて、最大150％まで適用し、銀行自身が用いる内部格付手法により、リスク率を算出することの選択を認めている。また、事務事故やオペレーショナルリスクについての所要自己資本の配賦や、自己資本のディスクロージャーによる市場規律の導入を求めるなど、総じて従前のBIS規制よりも、銀行にとって厳しい内容となっている。なお、2007年から2008年にかけて発生した国際的な金融危機の問題に対する反省をふまえ、金融

の自己資本の質の向上、リスク管理の一段の強化といった観点から、バーゼルIIを改訂する作業が進められ、バーゼルIIIと総称される新しい自己資本比率規制が誕生。2011年1月に公表されており、2013年以降段階的に実施し、2019年に最終的な規制水準に達することとなっている。

人民元（じんみんげん）

中華人民共和国の通貨で、日本における呼称。中国では、人民元とは呼んだり表記せず、人民幣（じんみんへい、RMB：レンミンビイ）と表される。

信用状（しんようじょう、L/C：LETTER OF CREDIT）

顧客（信用状発行依頼人）の依頼に従って銀行が発行する書状で、信用状条件が充足されていることを条件として、一定の金額の支払を輸出者に確約しているもの。一般的に信用状は取消不能であって、関係当事者全員（輸入者、信用状発行銀行、輸出者など）の同意がなければ、この確約の取消しまたは条件変更ができない。

〔信用状〕

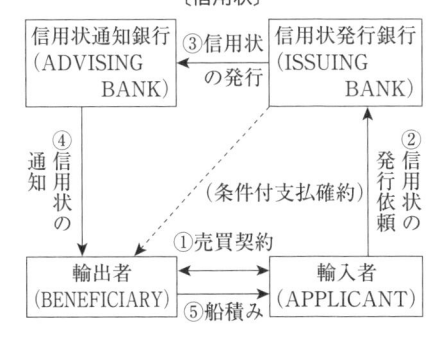

```
┌──────────────┐  ③信用状  ┌──────────────┐
│信用状通知銀行│  の発行   │信用状発行銀行│
│  (ADVISING   │←─────────│  (ISSUING    │
│    BANK)     │           │    BANK)     │
└──────────────┘           └──────────────┘
  ④│通              ②│信
   │知              発│用
  信│               行│状
  用│    (条件付支払確約)    依│の
  状│ ←── ─── ─── ─── ─── │頼
   │                        │
   ↓     ①売買契約          ↓
┌──────────────┐           ┌──────────────┐
│   輸出者     │←─────────→│   輸入者     │
│(BENEFICIARY)│  ⑤船積み   │ (APPLICANT)  │
└──────────────┘           └──────────────┘
```

信用状付一覧払輸出手形買相場（しんようじょうつきいちらんばらいゆしゅつてがたかいそうば、AT SIGHT BUYING RATE WITH L/C）

TTBからメール期間金利を差し引いた相場。信用状付一覧払輸出手形や外国払の小切手の買取等に適用される。

AT SIGHT BUYING RATE WITH L/C ＝ TTB － メール期間金利

信用状統一規則（しんようじょうとういつきそく）

法律や商慣習などが異なる国際間の信用状取引で、国際的な統一ルールを確立するために国際商業会議所（ICC）が制定したグローバルスタンダード。正式名称は、荷為替信用状に関する統一規則および慣例であり、最新版は2007年改訂版でUCP600という。→グローバルスタンダード、信用状、UCP600

信用状取引約定書（しんようじょうとりひきやくじょうしょ）

輸入信用状、輸入ユーザンス、荷物引取保証、スタンドバイ・クレジットの与信取引を開始するときは、銀行取引約定書のほか、銀行は顧客から信用状取引約定書の提出を受ける。

信用調査（しんようちょうさ）

調査主体により調査目的、調査項目など異なる面もあるが、銀行の場合は与信保全、預金や証券取引の増進等を主眼とする。したがって、取引先の実態面（経営陣や組織、生産や販売）、貸出金返済能力（業績、金融など）の実態把握、検討を行う。方法は銀行独自の入手資料分析、実地調査、興信所への調査依頼、取引銀行や仕入・販売先への信用照会、同業者間の風評聴取等により、総合的に把

信用リスク（しんようリスク）

　商取引を行う場合、相手方の信用状態を把握する必要がある。国内取引の場合、相手は国内に住所を有し、情報源も多いため、信用状態を調べることは比較的容易である。しかしながら、海外取引の場合、取引の相手方は外国に所在するため、訪問することは容易ではなく、また情報源も限られている。このため、相手方の信用状態の把握は国内取引に比べて困難である。相手方の実態を把握しないまま取引を行った結果、不良品が送られてきたり、場合によっては商品そのものが届かない、あるいは相手方の倒産・支払拒否により輸出代金の回収ができないといった不測の事態も考えられる。

す

スイッチ貿易（SWITCH TRADE）

　輸出者から輸入者へ貨物を直接船積みし、売買契約および代金決済は、輸出者と輸入者以外の第三者が行い、かつ、本邦の居住者以外が仲介する形態をいう。

スイフト（SWIFT）

　英称：SOCIETY FOR WORLDWIDE INTERBANK FINANCIAL TELECOMMUNICATIONの略で、国際銀行間データ通信システムと呼ばれ、大量の情報伝達が可能で、加盟している銀行の間で広く利用されている。外為業務を取り扱っている世界のほとんどの銀行が加盟しているため、通信の大部分はスイフトにより発信されている。なお、スイフト非加盟銀行に対しては、テレックスまたは公衆回線で発信している。このスイフトは、当初銀行間の専用回線としてスタートしたが、現在では制限付きながら一般企業の加盟も認められている。

スタンドバイ・クレジット（STAND-BY CREDIT）

　貿易取引の決済のためではなく、金融・保証のための信用状をいう。たとえば、次図のように、本邦企業の海外現地法人が、現地の銀行から運転資金や設備資金の融資を受ける場合に、本邦の銀行が親会社の依頼に基づき現地の融資銀行に対して、その現地法人の債務の弁済を保証するもの。

〔スタンドバイ・クレジット〕

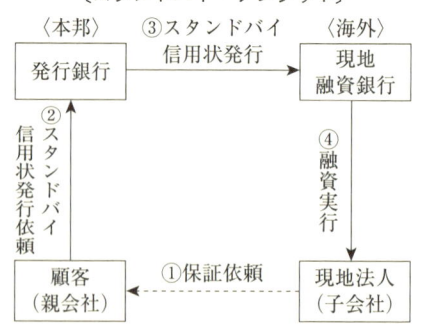

〈本邦〉　③スタンドバイ　〈海外〉
発行銀行　信用状発行　現地融資銀行
　②スタンドバイ信用状発行依頼　　④融資実行
顧客（親会社）　①保証依頼　現地法人（子会社）

スタンドバイ信用状統一規則（国際スタンドバイ規則）（スタンドバイしんようじょうとういつきそく（こくさいスタンドバイきそく、INTERNATIONAL STAND-BY PRACTICE, ISP98）

　米国銀行業界の要望に基づき、1998年に制定されたスタンドバイ信用状に関する実務を反映したルールで、商業信用状

と同様、信用状独立の原則が適用される。主に、米国との取引に利用されている。→スタンドバイ・クレジット

ステールB/L（ステールビーエル、STALE B/L）

時期経過船荷証券のこと。船積み後担当の期間が経過して輸出地の買取銀行に呈示された船荷証券であり、買取銀行はこのB/Lの買取を拒絶したり、L/Gを要求することとなる。

ストライクプライス（STRIKE PRICE）

オプションの行使価格のこと。→通貨オプション

ストレステスト（STRESS TEST）

金融市場での不測の事態が生じた場合に備えて、ポジションの損失の程度や損失の回避策をあらかじめシミュレーションしておくリスク管理手法をいう。2009年にFRBなどの米国金融当局が、金融機関の資産の健全性を調べるために実施した検査に、ストレステストという名称を使ったことが始まりで、一口でいえば、健全性審査のことである。

スプレッド貸出（スプレッドかしだし）

コール市場やCD市場などの短期金融市場で調達した資金の金利に、一定の利鞘（スプレッド）を上乗せした金利で貸出をすること。従来わが国の金融機関は、短期プライムレートを基準金利にしてきたが、1980年の外為法改正により、代表的なスプレッド貸出であるインパクトローンが自由化されたことに加え、金融のグローバル化の進展下、一般の貸出もスプレッド貸出が主流となっている。→インパクトローン、ユーロ円インパクトローン

スポット予約（スポットよやく、SPOT CONTRACT）

取引先との間で為替予約の受渡時期を締結日の2営業日後とするもの。銀行間市場では、直物売買の資金受渡日は慣行で締結日の2営業日後としている。外貨預金、インパクトローン、通貨オプション等の取引で利用される。

スミソニアン体制（スミソニアンたいせい）

1971年、ニクソンショック後、米国ワシントンのスミソニアン博物館で、先進10カ国蔵相会議により取り決められた固定相場制。たとえば、1米ドル＝360円だった円相場を308円に切り上げたが、米国の国際収支の悪化は止まらず、このスミソニアン体制はわずか2年で崩壊し、主要先進国は変動相場制に移行した。→ニクソン・ショック、固定相場制、変動相場制

スワップ・スプレッド（SWAP SPREAD）

スワップ・スプレッドとは簡単にいえば、直物相場と先物相場の開きのこと。たとえば、直物相場が100円で、3カ月先の輸出予約相場が99円80銭とした場合、この100円と99円80銭の差20銭がスワップ・スプレッドである。このスワップ・スプレッドは、二国通貨間の金利差を反映したもので、「金利の高い通貨は金利の低い通貨に対して、先物相場でディスカウント（DISCOUNT）（体系）」になり、「金利の低い通貨は高い通貨に対して、先物相場でプレミアム（PREMIUM）（体系）」になる。

スワップ取引（スワップとりひき）

直物の買いと先物の売り、逆に直物の売りと先物の買いなど、異なる時点の売

買を同金額で同時に行う取引。外貨預金やインパクトローンではスワップ取引を行うことにより期日の為替リスクを回避し、採算を確定することができる。→アウトライト取引

せ

セーフガード（SAFE GUARD）
　特定品目の輸入が激増して、国内の競合業界に重大な損害を与え、または与える恐れがあると思われるときに、発動できる緊急輸入制限のこと。

税関（ぜいかん、CUSTOMS HOUSE）
　貨物、旅客、船舶、航空機が自国の国境を通過する際のいっさいの業務を取り扱う官庁。日本では、財務省が主務官庁となって、税務行政、通関行政、監視行政、検査行政を主要業務とする。

税関送り状（ぜいかんおくりじょう、CUSTOMS INVOICE）
　輸出品の価格がダンピングされていない公正な価格であることを、輸入国の税関に証明するために、輸入者の要請に基づき輸出者によって作成される、公用のインボイスをいう。課税価格の決定、ダンピングの防止を目的とする。→通関用送り状

請求払（せいきゅうばらい）
　送金人が受取人宛に送金手続をしたことを直接連絡し、受取人が外国の指定銀行に出向いて支払を受ける方法。要求払ともいう。これは、海外旅行者など現地に預金口座を保有しない受取人へ送金する場合等に利用される。なお、請求払とするときは、受取人のパスポート番号等を連絡事項欄に記入する。→PAY ON APPLICATION

請求払保証（せいきゅうばらいほしょう）
　請求払保証とは、一定の要件を充足した支払請求書またはその他の書類の提示があれば、契約が履行されたかどうかとは無関係に、銀行が直ちに受益者へ支払うことを確約した保証状（保証書）のことである。発行される保証状のほとんどが請求払保証である。

請求払保証統一規則（せいきゅうばらいほしょうとういつきそく、URDG758）
　請求払保証に関する国際ルール。請求払保証統一規則は、信用状統一規則や取立統一規則と同じように、国際商業会議所（ICC）が制定している国際ルールで、2013年8月現在、2010年に改定されたものが最新版である。正式には、請求払保証に関する統一規則（UNIFORM RULES FOR DEMAND GUARANTEES, ICC PUBULICATION NO.758）、通称URDG758という。

請求払保証取引約定書（せいきゅうばらいほしょうとりひきやくじょうしょ）
　入札保証、契約履行保証、前受金返還保証などの輸出関連保証の与信取引を開始するときは、銀行取引約定書のほか銀行は顧客から、請求払保証取引約定書の提供を受ける。

制度金融（せいどきんゆう）
　株式会社国際協力銀行などの政府系機関が行う各種の融資制度。日本国内で生産された設備の輸出、または日本からの

技術の提供（コンサルティング、海外土木建設工事）等に資金が必要な場合には、全額政府出資の株式会社日本政策金融公庫の国際金融部門である「国際協力銀行」の制度金融を利用することができる。これは、取引銀行との協調融資の形となり、国際協力銀行の融資割合は、50～60％となっている。したがって、国際協力銀行の制度金融を利用する場合には、顧客はまず取引銀行へ相談を行う必要がある。たとえば、産油国で石油精製プラントを3年がかりで建設し、その工事代金をプラント完成後に生産される石油精製品の売買代金により、10年で回収するといったプロジェクトがあった場合、このような長期の案件においては、取引銀行と国際協力銀行との協調融資という形がとられる。このような制度金融の利用にあたっては、国際協力銀行および取引銀行の事前の審査および契約が必要となる。

世界銀行（せかいぎんこう、WORLD BANK）
　途上国の経済支援を中心に活動する国際金融機関である、国際復興開発銀行と国際開発協会の通称。

世界貿易機関（せかいぼうえききかん）
　自由貿易の推進と貿易紛争の調停を目的とする貿易全般に関する国際機関。
→WTO

ゼロ金利政策（ゼロきんりせいさく）
　景気を下支えするため、中央銀行が金利をゼロないしほぼゼロに下げる金融緩和策。究極の金融緩和策といえるが、将来の利下げ余地がなくなるなどの難点があり、あくまでも非常手段とされる。バブル崩壊後の1999年2月に日本銀行が実施し、現在も継続中である。同じく、米国も2008年9月のリーマンショックに始まった経済危機を克服するため、ゼロ金利政策を実施中。

ゼロ・クーポン債（ゼロ・クーポンさい）
　表面利率（クーポン・レート）がゼロになっているが、発行価格が額面対比で大幅に割り引かれている長期割引債券のこと。1981年、米国のJ.C.ペニー社が世界で初めて発行。日本では個人投資家に限り、途中売却時の売買差益の非課税であったことから一時ブームとなったが、1986年より売買差益は総合課税となったことからブームは沈静化した。

ゼロコスト・オプション（ZERO COST OPTION）
　オプション単体の購入では、顧客は、高額なオプション料を支払わなければならない。このため、実務では、オプション単体取引よりも、オプションの購入と売却を組み合わせることでオプション料の支払を回避できる取引のほうが主流である。このようなオプションをゼロコスト・オプションという。ゼロコスト・オプションの代表例としてレンジ付ゼロコスト・オプションなどがある。→通貨オプション

善管注意義務（ぜんかんちゅういぎむ）
　「善良なる管理者の注意義務」のことで、物または事務管理にあたることを本来の義務とする人の一般水準に合した注意義務。その人の職業・経験・社会的地位に応じて通常に要求される程度の注意で、民事責任の成立要件である過失の前提ともなるべき注意義務である。具体的な個人についての注意能力の差は認めな

全危険担保（ぜんきけんたんぽ）

戦争危険、同盟罷業危険を除くすべての危険に対しててん補される保険条件で、現在最も利用されている。したがって、戦争やストライキ等によるリスクを担保するためには、WAR CLAUSE、およびSRCC CLAUSE（STRIKES RIOTS & CIVIL COMMOTIONS CLAUSES）を追加約款で加える必要がある。

全銀システム（ぜんぎんシステム）

正式名称は、全国銀行データ通信システム。全銀センターに設置されたコンピュータシステムと全国銀行内国為替制度の加盟銀行に設置された端末装置とを専用の通信回線によって連結し、為替通知およびこれに付随する通信などの電文の交換、為替決済資料の作成などを行うデータ通信システムをいう。その形態は、データ通信による取引（テレ為替取引、MTデータ伝送・新ファイル転送）と文書による取引（文書為替）に分かれる。文書為替はさらに、メール振込と交換振込に分かれている。

全銀センター（ぜんぎんセンター）

全銀システム加盟銀行間の為替通知や、電文の交換・精査・記録・集計・為替決済資料の作成などを、コンピュータを使って行う全銀システムの中枢となるコンピュータセンター。東京および大阪の2カ所にある。

全損のみ担保（ぜんそんのみたんぽ、TLO：TOTAL LOSS ONLY）

文字どおり貨物全損の場合のみ保険金を支払うということであって、めったに使用されることはない。

先方勘定（せんぽうかんじょう、THEIR ACCOUNT）

海外支店または海外銀行が、自行に設けている決済用預金口座。→当方勘定

先方口（せんぽうぐち）　→先方勘定、当方勘定、当方口

そ

送金小切手（そうきんこぎって、D/D：DEMAND DRAFT）

外国送金の一種で、銀行が海外にある銀行を支払人とする送金小切手を作成し、送金依頼人へ交付し、送金依頼人自身が当該小切手を受取人宛に送付することにより代金の支払を行う方法。

相殺（そうさい）

取引の相手方と、債権と債務の清算を個別に差額で行うこと。たとえば、顧客が、取引の相手方に対し、輸出商品代金として30万米ドルの輸出債権をもつ一方、輸入商品代金として20万米ドルの輸入債務をもつ場合に、差額10万米ドルで決済することをいう。→ネッティング、貸借記、交互計算

相場優遇（そうばゆうぐう）

為替鞘を優遇すること。銀行が顧客から外貨を買う取引では一般の取引先より高いレートで買い取り、銀行が顧客へ外貨を売る取引は一般の取引先より安いレートで売り渡すことになる。→為替鞘、為替手数料

ソブリンリスク

ある国の国債が償還できなくなるのではないかという信用不安。→ギリシャ財政危機

た

対外支払手段（たいがいしはらいしゅだん）
「対外支払手段」とは、外貨建てで表示された、または外国において支払のために使用可能な支払手段（本邦通貨を除く）をいう（外為法6条8号）。

対外直接投資（たいがいちょくせつとうし）
「対外直接投資」とは、居住者による次の外国法人が発行する証券の取得、次の外国法人に対する金銭の貸付（期間が1年を超えるもの）、外国における支店等の設置・拡張に係る資金の支払をいう（外為法23条）。
① 当該居住者の出資比率が10％以上の外国法人
② 当該居住者と当該居住者の子会社および共同経営参加者との出資比率の合計が10％以上の外国法人
③ 当該居住者と次のような永続的な関係がある外国法人
　・役員の派遣
　・長期にわたる原材料の供給または製品の売買
　・重要な製造技術の提供

対顧客（公示）相場（たいきゃく（こうじ）そうば）
銀行と顧客との間の外国為替取引に適用される為替相場で、通常、銀行間相場に銀行のマージンが加味されて公示（公表）される。現在、わが国の銀行は、米ドルについてインターバンク取引における午前10時頃の市場実勢相場に基づき、その日の対顧客相場を公示している。

対顧客直物相場（たいこきゃくじきものそうば）
対顧客直物相場は、銀行と顧客との外国為替取引において、取引と同時に外貨と円貨の受渡を行う場合に適用される相場で、毎営業日（土・日・祝祭日を除く）、東京外国為替市場での外国為替取引をベースにして決定される。

貸借記（たいしゃっき）
債権と債務の差額清算を個別ではなく、一定期間内に発生する複数の債権と債務にまで広げて行うもの。→ネッティング、相殺、交互計算

対内直接投資等（たいないちょくせつとうしとう）
「対内直接投資等」とは、外国投資家が行う次の取引をいう（外為法26条）。
① 非上場会社の株式または持分（以下「株式等」）の取得
② 非居住者となる以前から引き続き所有する上場会社等以外の株式等の他の外国投資家への譲渡
③ 上場会社等の株式の取得で発行済株式等の10％以上となる場合
④ 会社の事業目的の実質的な変更に関し行う同意
⑤ 本邦における支店・事業所・工場の設置または事業目的の変更
⑥ 本邦法人に対する一定金額を超える金銭の貸付で、期間が1年を超えるもの

タイボー（TIBOR：TOKYO INTERBANK OFFERED RATE）

　ライボー（LIBOR）がロンドンにおける銀行間取引金利を意味するのに対し、「タイボー」は東京銀行間取引金利をいう。従前は金融機関が個別にタイボーを発表していたが、日本円タイボーは1995年11月から、ユーロ円タイボーは1998年3月から全国銀行協会が取りまとめており、1週間物、1カ月〜12カ月物の13種類が公表されている。これらは複数の金融機関の呈示した金利から上位2行と下位2行の値を除いた単純平均によって求められるため、個別金融機関の提示したタイボーとは異なる利率となる。→ライボー

代理店（だいりてん）

　日本の企業が自ら海外支店を設置するかわりに、現地の企業に委任して代理店としての商行為を行わせる場合がある。この場合、外為法上の手続は不要であるが、現地サイドでは代理店となることについて許可（登録）を必要とする国もあるので、あらかじめ調査をしておく必要がある。なお、俗に代理店といっているものには、2種類ある。1つは、独占販売代理店契約または総代理店契約に基づくもので、その地域における独占販売権を与えるものである。ただし、法律的には日本側企業の代理をしているわけではなく、自らの名前、自らのリスクで商品を売ることになる。ほかの1つは、真の代理店契約に基づくもので、現地の企業は日本側企業の代理人として行動する。したがって、代理店の所属する地域に日本の企業に対する裁判の管轄権が認められることもあり、また、代理人の得た利益について日本の企業に課税されることもありえるので、注意しなければならない。

多国籍企業（たこくせききぎょう、MULTI-NATIONAL COMPANY）

　さまざまな国に事業を展開し、それぞれの国の文化に対応しながらビジネスの拡大を目指す企業。たとえば、IBM、GE、エクソンモービルなどがあげられる。これらの企業は世界中に進出し、それぞれの国、それぞれのマーケットに適応しながら、巨大なビジネス複合体となった。

タックスヘイブン（TAX HAVEN）

　法人税や所得税などの税金が、ゼロかきわめて低い国や地域。カリブ海や欧州に多く、英領のケイマン諸島やマン島、ガーンジー島の法人税は、いずれもゼロである。低税率と金融情報の秘匿を売りに、外国資本に子会社やファンドを設立してもらい、そこから登録料収入などを得る。脱税やマネー・ローンダリングの温床と批判されている。

建値（たてね）　→貿易取引条件、インコタームズ2010

為払・為受（ためばらい・ためうけ）

　為払、為受とは、取引の相手方との間で直接資金決済を行うのではなく、他の第三者に支払ったり、他の第三者から資金を受けたりすることである。たとえば、非居住者A社と取引のある居住者甲社が、非居住者A社に対する支払を、A社に直接支払うのではなく、第三者である非居住者A社の日本支社に支払うというようなものである。なお、A社とA社

〔為払・為受の例〕

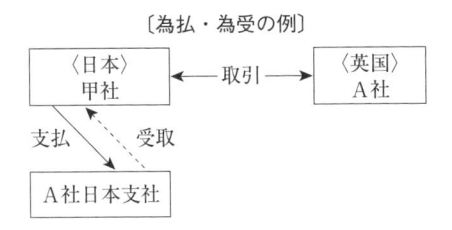

〈日本〉甲社 ←取引→ 〈英国〉A社
支払 ↓ ↑受取
A社日本支社

の日本支社との間の会計処理は当然行われる。

タリフ（TARIFF）
　銀行が銀行間取引に適用する取引種類別の利息や手数料などの料率を定めた取引条件書。

ダンアンドブラッドストリート社（ダンアンドブラッドストリートしゃ）
　世界最大の企業情報サービス会社であるダン（DUN & BRADSTREET）社の正式名称。

ダン社（ダンしゃ）　→ダンアンドブラッドストリート社、ダン・レポート

ダンピング（DUMPING）
　不当廉売のこと。特に、輸出ダンピングでは、外国との国際競争を有利にするため、国内市場価格より輸出価格を低くすることをいう。

ダン・レポート（DUN REPORT）
　ダンアンドブラッドストリート社の信用調査書。

ち

地政学的リスク（ちせいがくてきリスク）
　一般的に戦争やテロなどから生じるリスクをいうが、経済的には、その国やその地域が抱える戦争やテロなどの政治的軍事的有事勃発の懸念の高まりが、地域的な位置関係により、その国やその地域の経済ひいては世界経済全体の先行きを不透明にするリスクをいう。

チャーター（CHARTER）
　物品を運送するために、船舶や航空機のスペースの全部または一部を借り切ること。用船契約（CHARTER PARTY）の略語でもある。

チャイナ・プラスワン（CHINA PLUS ONE）
　企業が直接投資の軸足を中国以外のアジアにシフトし、中国一極集中リスクをヘッジすること。中国の生産コスト上昇や尖閣諸島問題に伴う日中関係の冷え込みを背景に、進出先をアジア全体に分散している。特に、ベトナム、カンボジア、ミャンマーなどのアセアン（ASEAN）諸国が投資の対象になっている。

中央銀行（ちゅうおうぎんこう）
　国の金融の中枢機関。発券銀行、銀行の銀行、政府の銀行という3つの重要な役割を担う。日本では日本銀行、米国では連邦準備理事会（FRB）、ユーロ圏では欧州中央銀行（ECB）、英国ではイングランド銀行、中国では中国人民銀行がこれに当たる。

仲介貿易（ちゅうかいぼうえき）
　外国相互間における貨物の移動を伴う貨物の売買に関する取引のこと。本邦（日本）の居住者が、外国相互間で貨物を移動させ、それに伴う代金の決済について売買契約の当事者となる取引であ

る。第三国間の貿易取引で、仲介者は取引の仲介による差額を手数料として受け取る取引であるため、三国間貿易ともいわれる。たとえば、商社A社が、中国から仕入れた商品を米国へ販売すると仮定する。貨物は中国から米国へ直接移動するが、契約はA社が中国、米国のそれぞれの会社と行っているため、船積書類は日本を経由するとともに、売上げも本邦のA社が計上することができる。上記の例の場合、A社は貨物の移動には直接関係しないが、信用状の金額の差額＝2万米ドルがA社のマージンとなり、手数料収入を得ることができる。

〔仲介貿易の典型例〕

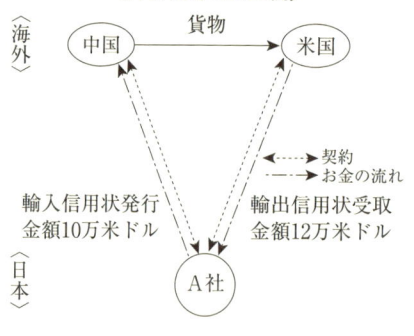

〈海外〉 中国 →貨物→ 米国
〈日本〉 A社
輸入信用状発行 金額10万米ドル
輸出信用状受取 金額12万米ドル
----→ 契約
——→ お金の流れ

中国元（ちゅうごくげん）　→人民元

中国4大銀行（ちゅうごくよんだいぎんこう）
　中国銀行、中国工商銀行、中国建設銀行、中国農業銀行の4行。

仲裁（ちゅうさい）
　第三者が当事者間の争いに立ち入り、問題を解決すること。→仲裁機関

仲裁機関（ちゅうさいきかん）
　万一、紛争が起きた場合、裁判のかわりに費用の安さ、迅速性という意味から仲裁で紛争を解決することも行われている。仲裁をする機関としては、日本商事仲裁協会、国際商業会議所（ICC）の国際商事仲裁裁判所等がある。仲裁が外国で行われる場合には日本の企業に不利となるため、日本側の主張が通るとは限らない。ただし、「この契約に関し紛争が発生した場合は日本商事仲裁協会の規則に従って、日本において仲裁によって解決される」等と契約書に盛り込んでおくと有利になる場合がある。

中途解約（ちゅうとかいやく）　→期限前解約

超国家企業（ちょうこっかきぎょう）
　工場や販売店を海外につくるといった従来の多国籍企業の海外進出にとどまらず、国家の垣根を越えて、大規模に活動する企業。特定の国と結び付きがなく、利益を求めて世界に事業を展開する。世界を1つの市場とみなし、雇う人の国籍や生産する場所を選ばない。母国の市場で働く人たちに対して、政府をしのぐ影響力をもち始めている。すなわち、政府がいくら雇用増や賃上げを働きかけても、企業が国家とは違う利害と論理で動き始めた。たとえばユニクロを展開するファーストリテイリング、ソニー、キヤノン、住友化学などがあげられる。

直接貿易（ちょくせつぼうえき）
　メーカー等が自力で輸出入取引を行うこと。

直買（ちょくほう）　→直接貿易

つ

通貨オプション（つうかオプション）

　通貨オプション取引とは、顧客と銀行の間で、一定期日（以下「権利行使日」）にまたは権利行使日までの期間に、一定相場（「行使価格」あるいは「ストライクプライス」、STRIKE PRICE）で、ある特定通貨を別の通貨を対価として「買う権利」（「コール・オプション」、CALL OPTION）あるいは「売る権利」（「プット・オプション」、PUT OPTION）を売買する取引をいう。通貨オプション取引においては、オプションの買手はオプション行使の権利をもち、オプションの売手は、買手の権利行使に応じる義務を負う。通貨オプションの売買にあたっては、オプションの買手はオプションの売手に対価（「オプション・プレミアム」あるいは「オプション料」）を支払う。オプションの権利行使をした場合、原則、2営業日後を受渡期日とする通常の為替予約に振り替わる。

通貨スワップ（つうかスワップ）

　円と米ドルなど、異なる通貨の元利金の支払を交換する取引のことで、元本の交換を行う。→金利スワップ

通貨バスケット制（つうかバスケットせい）

　為替相場を決定する際に、複数の国の通貨を選んで、一定の基準で加重平均して計算する方式。通貨を選ぶ基準は、貿易などを通して自国と関係の深い国の通貨に比重を置き、選んだ通貨をかご（バスケット）に入れるようにまとめることから、通貨バスケット制という。これにより、自国と他の1国との為替相場の関係が急変したとしても、バスケットのなかで緩和されるため、大きな影響を受けないというメリットがある。中国、ロシア、シンガポールが、この制度を採用している。

通貨マフィア（つうかマフィア）

　主要通貨国の当局者で、専門的に自国の通貨を管理する役割を担っている人々のこと。たとえば、米国は財務省の国際金融担当次官、日本は財務省の財務官、英独仏では大蔵次官。

通関（つうかん、CUSTOMS CLEARANCE）

　税関における輸出入管理をいい、輸出通関と輸入通関がある。輸出通関は、保税地域へ貨物を搬入してから輸出許可を取得するまでをいい、輸入通関は、輸入許可を取得し、保税地域から貨物を引き取るまでをいう。

通関業者（つうかんぎょうしゃ、CUSTOMS BROKER）

　輸出入業者の代理人として、税関に対して貨物の通関業務を行う者をいい、国家試験に合格した通関士を所定数配置しておかなければならない。運輸・倉庫関連企業が担当している。→乙仲

通関用送り状（つうかんようおくりじょう、CUSTOMS INVOICE）

　輸入国の税関において、所定の様式でインボイスが作成されていると、通関事務が円滑に進むため、米国等の一部の国では、通関用送り状が要求される。国によっては、その通関用送り状に領事の査証を要求する場合があり、その場合には

領事送り状と同じ役割を果たす。→税関送り状

通知銀行（つうちぎんこう、ADVISING BANK）
　信用状を通知する輸出地の銀行のこと。

通知後現金払（つうちごげんきんばらい、ADVISE AND PAY）
　支払指図を受けた銀行が受取人に送金の到着を通知したうえ、支払うという方法。米国等の銀行が支払う場合は、同行の小切手を受取人の住所へ郵送する方法がとられるので、支払までの日数を考慮する必要がある。

通知預金（つうちよきん、DEPOSIT AT NOTICE）
　原則として預入日から7日間の据置期間中は払い出せないこと、払戻をする際には2日以上前に予告（通知）すること（実務上は、払戻通知が当日であっても対応している）を条件に普通預金よりも有利な利率がつく預金である。

積替（つみかえ、TRANSHIPMENTS）
　輸出地から輸入地へ貨物が輸送されるとき、途中の港等で貨物を降ろし、別の船等に再積込みして陸揚港に至る輸送方法のこと。

て

定期預金（ていきよきん、TIME DEPOSIT）
　預入期間の定めがある預金で、期間が1カ月、3カ月、6カ月、1年などが代表的である。満期日以前には、原則として解約できない。

ディスカウント（DISCOUNT）
　先物相場が直物相場に比べて、先になるほど安くなることをいう。→スワップ・スプレッド

ディスクレ　→ディスクレパンシー

ディスクレパンシー（DISCREPANCY）
　銀行は、輸出者から受け取った船積書類を点検し、書類が信用状で要求された条件に一致しているか、書類相互間に矛盾がないか、書類自体に不備がないかをチェックする。書類が信用状条件と違っていること、書類相互間に矛盾があること、そして書類自体に不備があることをディスクレパンシーという。実務上では、「ディスクレ」という略称が使われている。

手形要件（てがたようけん）
　手形を作成するにあたって記載される事項のうち、その記載をしないと手形としての効力を生じなくなる事項。手形は要式証券といわれており、手形を作成するには、証券に法定の事項を記載し、振出人がこれに署名することが必要とされている。この法定事項および振出人の署名を手形要件という。約束手形においては、①約束手形文句、②手形金額およびその単純な支払約束文句、③満期の表示、④支払地の表示、⑤受取人の表示、⑥振出しの日付および振出地の表示、⑦振出人の署名、為替手形においては、①為替手形文句、②手形金額およびその単純な支払委託文句、③支払人の名称、④満期の表示、⑤支払地の表示、⑥受取人の表示、⑦振出しの日付および振出地の

表示、⑧振出人の署名が手形要件である。

手形割引（てがたわりびき）
　取引先が受け取った期日未到来の手形を、金融機関等が期日までの金利を差し引いて資金化に応ずること。これにより取引先は、受取手形を現金化でき、短期の運転資金の融資として手形貸付と並び最も多用される。なお、手形割引の法律的性格については、手形を担保とする消費貸借説と手形の売買とする説とがあり、通説は後者の説によっている。

適合性の原則（てきごうせいのげんそく）
　銀行や証券会社などの金融商品取引業者が顧客に対して金融商品の販売・勧誘を行う際に、遵守すべき事項の１つである。狭義の適合性の原則は、ある特定の顧客についてはいかに説明を尽くしても一定の商品の販売・勧誘を行ってはならないとするもので、広義の適合性の原則は、顧客の知識・経験、財産の状況、投資の目的に適合した形で販売・勧誘を行わねばならないとするものである。適合性の原則に著しく違反する行為は、不法行為法上も違法とするのが判例の立場である。

手数料（てすうりょう）
　金融機関は、預金の受入れ・払出し、金銭の貸付、手形割引、内国為替・外国為替等の業務のほか、保護預り、貸金庫等の付随業務を併せ行っているが、これらサービスの提供に見合う対価として収受する金銭を総称したものをいう。金融取引に伴って顧客から徴求する手数料としては、為替手数料、株式払込手数料、代金取立手数料、信用状発行手数料等多くの種類がある。従前は他金融機関との競争上、無償サービスとして免除扱いとしているものも少なくなかったが、手数料収入の重要度が再認識されたこともあり、最近は適正な手数料を徴求する傾向にある。今後を展望すると、欧米金融機関の例にみられるように、手数料収入の多寡が金融機関収益の優劣を左右することも予想される。

デノミネーション（DENOMINATION）
　本来は通貨単位などの名称を指すが、日本では、通貨単位の呼称を含め従来の通貨単位によるすべての金額表示を一定割合で一律に引き下げ、新しい通貨単位に改める意味で用いられる。たとえば、100分の１の引下げにより、100円を新１円に改めるとともに、いっさいの金銭債権・預貯金・有価証券・物価・賃金・租税・為替相場などの金額表示を100分の１引き下げる、ということである。インフレーションで金額表示が著しく大きくなった場合、計算や支払、記帳上の不便などを避けるために行われることが多い。

デフォルト（DEFAULT）
　債券の発行者が破綻し、契約に基づき生じた債務の弁済が滞ることをいい、国家に起これば金融危機を招き、世界的な影響をもたらす。

デフレ　→デフレーション

デフレーション（DEFLATION）
　種々の経済上の収縮現象を指す言葉で、消費者物価、企業物価などの一般物価が継続的に下落していく状態をいう。また、企業の売上高や生産が減少し、それにつれて家計の所得や支出が減少して

不況が深まることをデフレスパイラルという。1990年代後半から2000年代前半にかけて日本銀行はデフレーション対策として、ゼロ金利政策や量的緩和政策で景気刺激を試みた。→インフレーション

デフレスパイラル

物価下落と景気後退が相乗的に進む状態。

デポコルレス銀行（デポコルレスぎんこう、DEPOSITORY CORRESPONDENT BANK）

当方の銀行が相手銀行に預け金勘定を開設している場合や、相手銀行が当方の銀行に預け金勘定（当方の銀行からみて預り金勘定）を開設している場合、その相手のコルレス銀行をいう。デポコルレス先またはデポ先ともいう。日本の銀行は、主要な通貨については、自行の海外支店のほか、外国の主要な銀行に当該国通貨の決済勘定（当該通貨建ての預金口座）を開設し、外国為替取引に伴う資金移動が円滑に行われるように備えている。

デューディリジェンス（DUE DILIGENCE）

一般的に、M&A取引や投資行為の際に行われる、取引相手方や、M&Aの対象企業、不動産や金融商品などといった資産に対する調査活動をいう。法務、財務、ビジネス、人事、環境などさまざまな観点から調査が行われる。契約締結前に行われたデューディリジェンスの結果は、それぞれ契約内容等に反映され、発見された問題の程度に応じて、当該取引を中止する、取引は実施するものの取引価格等を再検討・調整する、取引の相手方に表明・保証させるなどの対応がとられることが一般的である。

テラー（TELLER）

金融機関の窓口において店頭事務や出納金の受払など、顧客との応対を行う窓口の担当者。

デリバティブ（DERIVATIVE）

株式、証券、外国為替、穀物・原油等の商品の価格変動リスクを回避するための金融手法。現物取引から派生する取引であるため派生商品ともいわれる。主なデリバティブ手法として、将来の価格で取引を行う取引である先物（フューチャー）、先渡し（フォワード）、金利条件を交換するスワップ、売買する権利を取引するオプション等がある。デリバティブ市場には、金融商品取引所に上場されたデリバティブを取引する取引所取引と、証券会社や銀行等が顧客と相対で売買を行う店頭取引がある。

電子ブローキング（でんしブローキング、ELECTRONIC BROKING）

人を介さず、コンピュータシステムが銀行間の為替取引を仲介すること。人間（ブローカー）が取引を仲介することを、ボイスブローキングという。→ブローカー、東京外国為替市場

電子ブローキング・システム（でんしブローキング・システム、ELECTRONIC BROKING SYSTEM、EBS）

銀行間の為替取引を電子的に行うコンピュータシステムのこと。為替相場などがコンピュータの画面上に表示され、為替の売買取引もコンピュータ画面上で行われる。ほとんどの銀行間の為替取引が、このシステムの利用により行われる。→東京外国為替市場

電信売相場（でんしんうりそうば、TTS：

TELEGRAPHIC TRANSFER SELLING RATE）

　銀行に資金立替えが発生しない取引に適用する、金利要因を含まない売相場の基準となる相場のこと。公示仲値に基準鞘（米ドルの場合1円、ユーロの場合1円50銭等）を加算したものである。仕向外国送金、外貨預金の入金・作成、輸入ユーザンスの決済等に適用する。
TTS RATE ＝ 公示仲値 ＋ 基準鞘

電信買相場（でんしんかいそうば、TTB：TELEGRAPHIC TRANSFER BUYING RATE）

　銀行に資金立替えが発生しない取引に適用する、金利要因を含まない買相場の基準となる相場のこと。公示仲値から基準鞘（米ドルの場合1円、ユーロの場合1円50銭等）を差し引いたものである。被仕向外国送金の入金、外貨預金の支払・解約等に適用する。
TTB RATE ＝ 公示仲値 － 基準鞘

電信送金（でんしんそうきん、T/T：TELEGRAPHIC TRANSFER）

　外国送金において、仕向銀行が支払銀行宛に一定金額を受取人に対して支払うように、スイフトなどのテレトランスミッションにより支払指図を発信する方法である。外国為替取引のなかで、取扱件数が最も多い取引である。

と

東京外国為替市場（とうきょうがいこくかわせしじょう）

　東京外国為替市場は、香港市場およびシンガポール市場と並び、アジアにおける重要なマーケットとなっている。また、ロンドン市場、ニューヨーク市場と並び、主要な外為市場として、大きな取引量を誇る。戦後しばらく外貨不足の時代が続いたこともあり、東京外為市場は規制の多い、閉鎖的なマーケットといわれてきた。しかしながら、日本経済の飛躍的な発展に伴い、東京外為市場の自由化、活性化の必要が高まり、1980年の外為法改正、1986年のオフショア市場創設、1994年の外為取引時間自主ルールの撤廃、さらに1998年の金融ビッグバン（金融大改革）・外為法改正を経て、市場の改革は大きく進展し、東京外為市場は、規制のない「フリー」な市場、透明で信頼できる「フェアー」な市場、そし

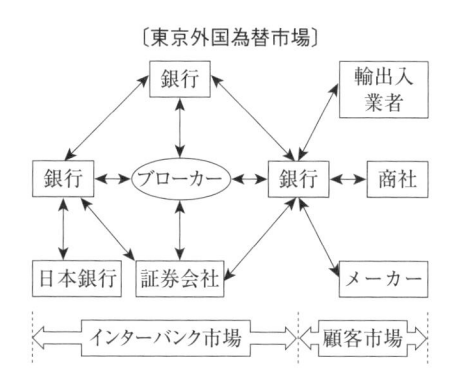

〔東京外国為替市場〕

て世界と共生する「グローバル」な市場になった。

当座預金（とうざよきん、CURRENT DEPOSIT)

利殖が目的ではなく、日々の商取引などに伴う現金受払の手数を省き、現金の保管や持運びに伴う危険を避けるため、手形や小切手を利用した受払を行う際に、資金決済をするための口座の、顧客は、商取引に伴い取引銀行を支払場所とする手形や小切手を振り出すことができる。

同時決済送金（どうじけっさいそうきん）

送金ベースの代金決済で、輸出者が船積みと同時に輸入者に船積書類のコピーを送付し、輸入者は、船積みを確認でき次第、外国送金を取り組む方法をいう。前払送金と後払送金のそれぞれのデメリットが解消されるため、多く利用されている。→前払送金、後払送金、組み合わせ送金

当方勘定（とうほうかんじょう、OUR ACCOUNT)

海外支店や海外コルレス銀行にある自行名義の決済用預金口座。→先方勘定

当方口（とうほうぐち） →当方勘定、先方勘定、先方口

ドキュメンタリー信用状（ドキュメンタリーしんようじょう）

信用状の給付の要件として、手形または金銭の受取書以外の書類、たとえば貿易代金決済のための信用状であれば商業送り状、運送書類など、また保証目的のスタンドバイ信用状であれば、債務不履行があったことを述べた受益者作成のステートメントなどを要求している信用状を意味する。

ドキュメンタリー取引（ドキュメンタリーとりひき）

付帯荷物を表示する書類が添付された荷為替手形取引のこと。信用状付荷為替手形取引、信用状なし荷為替手形取引が該当する。主に貿易取引の場合に利用され、貿易外取引で利用されることは少ない。

ドキュメンツ（DOCUMENTS）

本来の意味は文書のことであるが、外国為替取引においては、荷為替手形の付帯荷物を表章する書類のことをいう。その主なものが、インボイス、運送書類、保険書類などの船積書類である。付帯荷物の処分は、ドキュメンツなどの処分によって行われるため、荷物そのものと同様の重要性をもつ。したがって、荷為替手形の買取にあたってはその内容を十分点検し、信用状の条件を充足しているかどうかを確認しなければならない。→船積書類

ドキュメンツ・チェック（DOCUMENTS CHECK） →書類点検

特定投資家制度（とくていとうしかせいど）

金融商品取引法において、取引の円滑化促進を目的に定められている制度。この制度では、価格変動リスクのある金融商品等を取引する顧客を、「特定投資家」（プロ）と「一般投資家」（アマ）に区分し、「特定投資家」（プロ）に対しては説明義務・適合性の原則など投資家保護のための規制の一部について適用を除外することで、顧客の属性に応じた行為規制の柔軟化を図っている。

独立行政法人日本貿易振興機構（どくり

つぎょうせいほうじんにほんぼうえきしんこうきこう）　→ジェトロ、JETRO

独立行政法人日本貿易保険（どくりつぎょうせいほうじんにほんぼうえきほけん）　→日本貿易保険

独立抽象性（どくりつちゅうしょうせい）

　信用状（L/C）は、輸出者と輸入者との間で締結された売買契約とは無関係であるということ（UCP600第4条a）。信用状は売買契約に基づいて発行されるが、売買契約が契約どおりに履行されることを支払の条件にすると、銀行が支払を行った後で当事者間の契約不履行を理由に資金の返戻を要求される事態も考えられ、そうなれば円滑な信用状取引が妨げられることになる。このような事態を避けるためには、当事者間の契約上の問題が信用状取引に持ち込まれることを排除する必要がある。

特恵関税（とっけいかんぜい）

　先進国が発展途上国の製品を輸入する場合に限り、関税率を低くしたり、無税にすること。発展途上国の経済発展と援助のための制度である。

特恵原産地証明書（とっけいげんさんちょうめいしょ、G.S.P. CERTIFICATE OF ORIGIN FORM A）

　わが国への輸入の場合、特恵関税の適用を受けようとする者は、関税規則で定められた形式による特恵原産地証明書を税関に提出する必要がある。

ドメスティック信用状（ドメスティックしんようじょう、DOMESTIC CREDIT）

　国内信用状のことで、ローカル信用状ともいわれる。信用状の受益者である輸出者が取引銀行に依頼し、その商品の製造業者や供給者に対し、その信用状（マスター信用状）を引当とし発行してもらう、円建信用状（見返信用状）をいう。ただし、代金決済方法の多様化に伴い、この信用状が利用されるのはまれである。→信用状、マスター信用状、見返信用状

トラストレシート（TRUST RECEIPT、T/R）

　銀行が輸入貨物の所有権や担保権を保有したまま、輸入者に貨物を引き渡し、倉入れ、売却を認めることであり、荷物貸渡のこと。また、引渡しに際して、徴求する保管証自体もトラストレシート（T/R）という。→荷物貸渡

トラベラーズ・チェック（TRAVELER'S CHECK/CHEQUE）　→旅行小切手

トランザクションバンキング（TRANSACTION BASED BANKING）

　国際的な資金決済や貿易金融、企業の資金管理などの金融業務をいう。経済のグローバル化による海外キャッシュフローの拡大、海外の資金管理・決済オペレーションのニーズが高まるなか、金融機関にはアジアを中心とした海外決済ビジネスの強化が不可欠である。一気に収益がふえるビジネスではないが、一度仕組みをつくれば安定的な収益源になる。国内外への送金や企業の資金管理システムの提供、輸入代金の支払の確保、外貨の融通が含まれる。最近では、企業が海外でサプライチェーン（供給網）を構築する際に取引先を紹介するなど、資金決済周辺の支援業務も対象になっている。

取消可能信用状（とりけしかのうしんようじょう、REVOCABLE CREDIT）

受益者への事前の通告なしに、発行銀行が条件変更、または取り消すことができる信用状のこと。ただし、UCP600では取消可能信用状についての規定が削除されていること、ならびに統一規則の構成（2条、3条、7条b項）から判断して、実務上取消可能信用状が発行される可能性は、ほとんどない。

取消不能信用状（とりけしふのうしんようじょう、IRREVOCABLE CREDIT）

関係当事者全員（発行銀行、受益者、もしあれば確認銀行）の合意がなければ、取消し、条件変更ができない信用状のこと。UCP600では、信用状とは取消不能信用状のことを指すと明記している。

取立（とりたて、COLLECTION）

輸出者が船積書類を取引銀行に依頼して信用状発行銀行または取立銀行へ送付し、取引銀行が資金を回収した後で輸出代金を受け取ることをいう。

取立統一規則（とりたてとういつきそく、URC：UNIFORM RULES FOR COLLECTIONS）

信用状に基づかない貿易取引に係る荷為替手形を、わが国ではD/P・D/A手形というが、このような荷為替手形の取立に関して国際商業会議所（ICC）が制定した国際的な規則。

取立ベース取引（とりたてベースとりひき）

輸出者が輸入者を支払人とする為替手形を振り出し、取引銀行を経由して、代金を取り立ててもらう方式の取引。取立のことを一般的にB/Cという。これは、BILLS FOR COLLECTIONの略である。また、代表的な取立条件の名をとっ て、D/P・D/Aベース取引ということもある。

取引時確認義務（とりひきじかくにんぎむ）
→本人確認義務

ドルペッグ制（ドルペッグせい）

米ドルとの連動を図る固定相場制の一種。ペッグ（PEG）とは、釘で固定することで、転じて通貨制度では固定相場制を指す。経済的に不安定な国が、自国の為替相場の安定を目的として基軸通貨である米ドルに連動させることをいう。→基軸通貨

ドル本位制（ドルほんいせい）

米ドルをベースに為替相場が決められる体制。第二次世界大戦後、米国だけが米ドルと金との交換を約束し、為替相場は、いくらの米ドルと交換できるかを比較して決められるようになった。戦後の固定相場制は、このドル本位制を基礎としてできあがった。

トレジャリーチェック（TREASURY CHECK）

恩給、年金、税金還付などの支払のため外国政府が振り出した小切手のこと。米国政府（財務省）が振り出したものが最も一般的で、財務省小切手ともいう。

トレード・タームズ（TRADE TERMS）
→貿易取引条件、本船渡し、運賃込み、運賃保険料込み、FOB、CFR、CIF、インコタームズ2010

トレード・ダイレクトリー（TRADE DIRECTORY）

海外の業者の名簿のこと。市販されているものや、ジェトロ等に備えつけられているものもある。自社の製品に興味をもちそうな海外の会社の名前をリスト

アップする際などに利用する。

な

内国為替（ないこくかわせ、DOMESTIC EXCHANGE）
同一国内の場所の離れた二者間の資金決済を、現金の輸送を伴わず銀行を介在して行う仕組みのこと。略して内為（ないため）という。

仲値（なかね）
銀行が店頭に公示する対顧客直物相場の基準相場。→公示仲値

並為替（なみかわせ）
隔地者間の債権・債務を決済するにあたって、債務者から債権者への送金によって支払う場合をいう。輸入者が輸入代金決済のため外国送金を行う場合がこれであって、銀行がその外貨を輸入者に売った場合、売為替となる。→逆為替

〔並為替〕

```
取引銀行 ──②支払指図──→ 取引銀行
  ↑         為替                 │
  ①       ──────→              ③
  送金      資金                  支
  依頼    ──────→              払
  │                               ↓
 送金人                         受取人
 (債務者)                       (債権者)
```

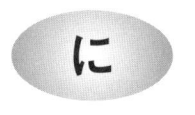

に

荷受人（にうけにん、CONSIGNEE）
貿易取引において、貨物の引換証である船荷証券、あるいは航空貨物運送状により、輸入地で貨物の引渡しを受ける者。船荷証券が記名式の場合には、荷受人として記載された買主が荷受人となる。一方、指図式の場合には、裏書により荷受人として指定された者や、白地裏書によって船荷証券を取得、持参した者が荷受人となる。いずれの場合でも、船荷証券を船会社に呈示して貨物を実際に受け取ることができる者という。

荷為替手形（にがわせてがた）
隔地取引における運送中の商品の引渡請求権を、運送業者が発行する船荷証券、貨物引換証などに化体させ、これを添付した手形。荷付為替手形ともいう。荷為替手形は商品の売主が、隔地の買主を支払人として振り出した為替手形であり、その特徴は、引受が未済であること、運送中の商品により担保されていることなどである。これによって、売主は買主を支払人とする為替手形を振り出し、それに証券を添付して銀行から割引を受けて、代金を回収する。割り引いた銀行は、その手形と証券を買主所在地の僚店あるいは取引銀行に送付し、その僚店等を通じて買主に支払（引受）を求め、手形が支払われれば、証券を買主に交付する。これによって、買主と売主のリスクを除去し、金融上の便宜を与える

にかわせて

ことができる。現在では、国際間の輸出入取引において利用されている。

荷為替手形買取（にがわせてがたかいとり）

荷為替手形の買取は、荷付為替手形（割引）に該当するため、手形割引の一種といえる。このため荷為替手形の仕組みを理解するにあたり、荷為替手形の「買取」は、国内の商業手形割引をイメージすると理解しやすい。荷為替手形の買取は、

① 商取引の裏付けがある
② 返済原資は買取荷為替手形の期日取立金
③ 不渡になった場合は買い戻す

等、基本的には国内の商業手形割引と同じであり、取引先に対する金融機能の点でも同じである。ただし、船荷証券のような船積書類が添付され、貨物が担保になるため（「外国向為替手形取引約定書」3条1項）、その船積書類（≒貨物）の授受と代金の支払が条件づけられている等、国内の商業手形割引と異なる点もあるので注意が必要である。一方、荷為替手形の「取立」は、手形の決済代り金受領後に取引先に支払うため国内の代金取立手形をイメージすれば理解しやすい。
→割引手形、荷付為替手形割引、荷為替手形、買取、取立

ニクソン・ショック（NIXON SHOCK）

大幅な貿易赤字を抱えた米国が、ドルと金との交換を停止したことによる衝撃。米国は、ベトナム戦争等を行った結果、大幅な財政赤字を抱えることになり、国際収支が悪化し、大量の米ドルが海外に流出した。金の準備量をはるかに超えた多額の米ドル紙幣の発行を余儀なくされ、金との交換を保証できなくなったため、1971年8月、ニクソン大統領はドルと金の交換停止を発表。これにより、ブレトン・ウッズ体制は崩壊し、米ドルは信用を失って大暴落した。→ブレトン・ウッズ体制、スミソニアン体制

荷印（にじるし） →シッピング・マーク

荷送人（にそうにん、SHIPPER）

船会社などの運送人と運送契約を結び、貨物の発送をする者。

日米経済摩擦（にちべいけいざいまさつ）

日米間の貿易収支は1965年に逆転し、その後、日本の黒字がふえ続けた。米国の赤字は1985年に500億米ドル（約5兆円）に達し、政治問題になる。コンピュータのほか、自動車、半導体の貿易不均衡が問題となった。ただし、2012年度の日本の貿易赤字は8兆円となり、輸出立国・大国の面影はなくなった。

荷付為替手形割引（につきかわせてがたわりびき）

隔地間の商取引において、売主が買主を支払人とし、自己または銀行を受取人として振り出した為替手形を、売主の依頼により運送中の商品を担保として割り引くことをいう。割引に際しては運送中の商品の貨物引換証、船荷証券等の提出を求め担保とする。

日本貿易振興機構（にほんぼうえきしんこうきこう） →ジェトロ、JETRO

日本貿易保険（にほんぼうえきほけん、NEXI：ネクシー）

独立行政法人として、公共上の立場から貿易保険商品を提供している政府系機関。英称：NIPPON EXPORT AND INVESTMENT INSURANCE、略称：NEXI

(ネクシー)、http://www.nexi.go.jp
→貿易保険、輸出手形保険

荷物貸渡(にもつかしわたし、T/R：TRUST RECEIPT)

譲渡担保として銀行に所有権のある輸入貨物を銀行が輸入者に貸し渡し、貨物の売却等の処分権限を与える行為である。輸入者は、輸入決済資金についてユーザンスの供与を受けたときでも、銀行の代理人または受任者として貨物を売却し、売却代金によりユーザンスを決済することができる。→トラストレシート

荷物引取保証(にもつひきとりほしょう、L/G：LETTER OF GUARANTEE)

輸入船積書類の到着前に船舶が入港したときに、輸入者が船会社から船荷証券の呈示なしで貨物を引き取るために船会社に差し入れる損害担保を約する書類で、銀行が連帯保証の署名を行うことをいう。

入金通知書(にゅうきんつうちしょ、C/A：CREDIT ADVICE)

口座に入金があったことを名義人に連絡する通知書。

入札保証(にゅうさつほしょう、BID BOND)

大型設備やプラントの輸出契約が国際入札で行われる場合、無責任な入札を排除するため、発注者が入札の参加者に対して保証金の差入れを要求することがある。発注者は、落札者が正式な契約締結を正当な理由もなく拒否した場合、保証金を没収するので、この保証金は不良業者の応札を排除する役割を果たしている。この保証金が現金で差し入れられることはまれで、銀行の発行する保証状などにより対応し、この保証を入札保証と

いう。保証金額は、通常、契約金額の5％前後となっている。

〔入札保証〕

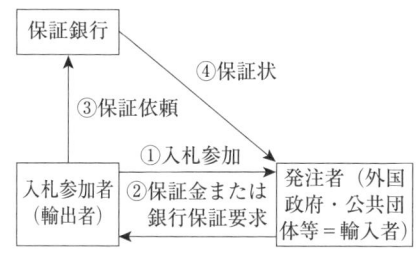

保証銀行 ───④保証状───→
　↑
　③保証依頼
　│
入札参加者　①入札参加　発注者(外国
(輸出者)　②保証金または　政府・公共団
　　　　　　銀行保証要求　体等＝輸入者)

ニューヨーク市場(ニューヨークしじょう)

世界最大の経済規模を誇る米国の中核都市であるニューヨークは、世界経済の中心である。ニューヨーク外国為替市場は、米国の巨大な経済をバックにしており、ロンドン市場とは対照的に、米ドルを中心とした取引がほとんどであり、巨大な国内市場に外資系の金融機関などが参加している。規制緩和も進み、ノウハウの蓄積、インフラの整備などにおいて、ロンドンに引けをとらない。外為取引だけでなく、翌日物を中心とする米ドル短期資金(FEDERAL FUND)、米財務証券をベースにした米ドル長期資金、コマーシャルペーパー(CP)、銀行引受手形(BA)、などさまざまな金融取引があり、資産担保証券(ABS)、金融派生商品(DERIVATIVES)など新しい金融商品においても優位にある。また、世界最大の時価総額を有する株式市場など、資本市場としても群を抜いている。

ね

ネゴ（NEGOTIATION）

買取のこと。銀行が顧客の依頼に基づいて輸出荷為替手形などの代金を回収する前に支払を実行すること。すなわち、立替払融資である。→買取

ネッティング（NETTING）

差額決済のこと。その方法には、相殺と貸借記ならびに交互計算がある。相殺とは、取引の相手方との債権、債務の清算を差額で行うことである。たとえば、企業が、取引の相手方に対し輸出貨物代金として15万米ドルの輸出債権をもつ一方、輸入貨物代金として20万米ドルの輸入債務をもつ場合に、差額5万米ドルで決済することをいう。貸借記とは、この差額清算を一定期間内に発生する複数の債権・債務にまで広げて行うものである。この貸借記を継続して行うのが交互計算である。貸借記が単発の取引であるのに対し、交互計算は、本支店間、関連会社間、あるいは永年の取引先との間等継続的取引関係がある場合に利用される。このような債権・債務の相殺による決済を総称してネッティングというが、決済金額が圧縮されることになるため、その分為替変動リスクは減少することになる。

の

延払輸出（のべばらいゆしゅつ）

発展途上国向けに大型機械やプラントなどを輸出する場合に、その代金決済について輸出者が相手国の輸入者に対し、一定期間にまたがる分割払を認める形で信用を供与すること。

ノンコルレス銀行（ノンコルレスぎんこう、NON-CORRESPONDENT BANK）

当方の銀行がコルレス契約を締結していない銀行のことで、ノンコルレス先ともいう。

ノンデポコルレス銀行（ノンデポコルレスぎんこう、NON-DEPOSITORY CORRESPONDENT BANK）

コルレス契約を締結している銀行のうち、当方の銀行が相手銀行に預け金勘定を開設しておらず、かつ相手銀行が当方の銀行に預け金勘定を開設していない銀行をノンデポコルレス銀行という。単にコルレス先またはノンデポ先ということもある。

ノン・デリバラブル・フォワード（NON DELIVERABLE FORWARD）

台湾ドルやフィリピンペソなどのように、当該国の為替規制により国外市場での交換が困難な通貨を対象とした疑似為替予約。上記の通貨などについて先物相場を約定し、決済日にその先物相場と市場実勢相場の差額を当該通貨ではなく、米ドルや日本円などの主要通貨によって、差額決済するもの。

は

バーゼル合意（バーゼル規制）（バーゼルごうい（バーゼルきせい））

　国際決済銀行（BIS）のバーゼル銀行監督委員会から公表された自己資本比率に関する規制のことを、バーゼル合意あるいはバーゼル規制という。1988年にバーゼルⅠと呼ばれる規制が、2004年にバーゼルⅡと呼ばれる規制が、2011年にバーゼルⅢと呼ばれる規制がそれぞれ公表されている。→新BIS規制（バーゼルⅡ）

パーソナルチェック（PERSONAL CHECK）

　個人、一般企業が振り出した小切手。米国では、窃盗等の犯罪が多く、極力現金を持ち歩かないようにする習慣があるため、米国は小切手社会であるといわれている。日本では、ほとんどみかけないが、欧米や韓国では幅広く利用されている。

売買益（ばいばいえき）　→為替手数料

バイヤー格付（バイヤーかくづけ）

　貿易保険を利用する場合は、相手方であるバイヤー（輸入者）が「海外商社名簿」に登録されていなければならない。海外商社名簿に登録されていないバイヤーについては、信用調査のうえ新たに登録しなければならない。また、バイヤーの信用状態等の評価について格付が行われていて、定められた格付以上でなければ利用できないとの制限が設けられている。→海外商社名簿

バイヤーズ・クレジット（BUYER'S CREDIT）

　銀行が輸入者（バイヤー）に対して資金を直接融資する形態。

バスケット通貨（バスケットつうか）　→通貨バスケット制

バスケット方式（バスケットほうしき）　→通貨バスケット制

パッキングリスト（PACKING LIST）

　包装の表面に記載された荷印、番号とその包装に含まれた商品明細、重量、容積などを記載した書類。パッキングリストがあれば、輸入者は梱包を開かなくても包装単位で、仕分け・配送などができるようになる。→包装明細書

発行依頼人（はっこういらいにん、APPLICANT）

　売買契約が成立後、その代金決済が信用状取引による場合、取引銀行に対して信用状の発行を依頼する者をいう。すなわち、当該取引の輸入者のこと。→信用状

発行銀行（はっこうぎんこう、ISSUING BANK）

　輸入者の依頼により、信用状の発行を引受、信用状を輸出者宛に発行する銀行。→信用状

はね返り金融（はねかえりきんゆう）　→輸入はね返り金融

バブル（BUBBLE）

　株式や不動産などの資産価格が、ファンダメンタルズを反映した価格から大幅に乖離して泡のようにふくらみ、ある水準になるとはじけ、反落することをいう。→バブル経済、ファンダメンタルズ

バブル経済（バブルけいざい、ECONOMIC

BUBBLE）

株式や不動産をはじめとした時価資産の価格が、投機によって実態経済の成長以上のペースで高騰し続け、投機によって支えなければならないマーケットが、支え切れなくなるまでの経済状態をいう。→バブル

バンカーズチェック（BANKER'S CHECK）

銀行が振り出した小切手。パーソナルチェックよりも決済の確実性は高い。バンクチェック。

犯罪収益移転防止法（はんざいしゅうえきいてんぼうしほう）

正式には「犯罪による収益の移転防止に関する法律」という。特定事業者と呼ばれる一定の事業を行う者に、顧客の取引時確認義務、その記録の保存、顧客との取引記録の保存、疑わしい取引の届出の義務等を課する法律。2008年3月1日から全面施行された。テロ資金供与防止とマネー・ローンダリング防止の国際的な取組みのなかで、金融機関に対しては本人確認法により、金融取引時の相手方の本人確認を義務づけるとともに、業務上で収受した資金について取引の相手方が行った犯罪行為に係る収益との疑いや、犯罪収益を隠匿する行為との疑いがある場合にはその取引内容を主務大臣または都道府県知事に届け出ることを組織的犯罪処罰法に定めていたが、犯罪収益移転防止法の施行に伴い本人確認法は廃止され、組織的犯罪処罰法は「疑わしい取引の届出」を削除した。犯罪収益移転防止法は、取引時確認の義務等を、従前から義務を負っていた金融機関以外の事業者を含む特定事業者に対し、幅広く課しており、犯罪による収益の移転を実効的に防止することを目的としている。取引時確認の際に確認される本人特定事項は、自然人の場合は氏名・住所および生年月日、法人の場合は名称および本店所在地または主たる事務所の所在地である。代理人による取引の場合は、現実に取引を行う代理人についても、本人確認が必要となる。作成した確認記録は、口座を閉鎖した日から7年間経過するまで保存しなければならない。なお、取引時確認事項の追加等を定める改正犯罪収益移転防止法が、2013年4月1日より施行され、取引時確認事項として取引を行う目的、顧客の職業（自然人）、事業の内容・実質的支配者（法人）が追加されたほか、ハイリスク取引について厳格な確認が義務づけられた。

ひ

引受渡（ひきうけわたし、DOCUMENTS A-GAINST ACCEPTANCE）

手形の引受と引き換えに輸入者に書類を引き渡すという条件のこと。手形を引き受けるということは期限付手形の期日に支払を約束することになるが、引受後に輸入者が倒産したような場合は、書類を引き渡したが支払は受けられないということになる。→D/A、DOCUMENTS AGAINST ACCEPTANCE

引落授権書（ひきおとしじゅけんしょ、D/A: DEBIT AUTHORIZATION）

口座名義人が、銀行に資金を口座から引き落すことを依頼する授権書。

引落通知書（ひきおとしつうちしょ、D/A：DEBIT ADVICE）

上記引落授権書に従って、指定口座から支払ったことを依頼人に連絡する通知書。

非居住者（ひきょじゅうしゃ）

居住者以外の自然人および法人をいう（外為法6条6号）。

非居住者円預金（ひきょじゅうしゃえんよきん）

日本にある銀行に預けられている非居住者名義の円預金勘定のこと。すなわち、外国に居住している人、つまり非居住者が日本にある銀行に円預金勘定をもつことをいう。

被仕向銀行（ひしむけぎんこう）

為替通知を受け取る銀行をいう。送金、振込みの場合は資金を送られる銀行であり、取立の場合は入金報告を受けて入金手続をする銀行で送金、振込みの場合と逆になる。→仕向銀行

被仕向送金（ひしむけそうきん）

外国から日本へ送られてくる送金のこと。

被仕向店（ひしむけてん）

為替通知を受ける取扱店をいう。これに対して、為替通知を発する取扱店を仕向店という。→仕向店

非常リスク（ひじょうリスク）

取引の相手国の政変・内乱・暴動などによって途中まで進んでいたプラント建設が中止になるとか、経済政策の転換、あるいは外貨事情の悪化による為替管理制度の変更などにより、日本の輸出者が、輸出代金を回収できないといった事態が発生することがある。また、地震・水害などの天災により貨物代金を回収できない危険もある。このような当事者の責めに帰すことのできない不可抗力による危険を非常リスクという。→カントリーリスク、COUNTRY RISK

ビッド・レート（BID RATE）

資金取引や為替取引のインターバンク市場で、資金の取り手が提示する金利や通貨の買い手が提示する相場であり、オファード・レートに対するもの。→オファード・レート

ふ

ファンダメンタルズ

貿易収支、経常収支、インフレ率、失業率等の経済の基礎的諸条件をいう。

フィージビリティ・スタディ（FEASIBILITY STUDY）

海外進出にかかわる収支計画のこと。→FEASIBILITY

フィービジネス（FEE BUSINESS）

銀行が顧客にサービスを提供する対価として、手数料や保証料を受け取る業務という。従来、銀行は預金の受入れや貸出による利鞘を主な収益源としてきたが、収益チャンネルの一環として、外為や国際業務などのフィービジネスを拡大している。

フェデラル・ファンド・レート（FEDERAL FUNDS RATE）

米国の金融当局が政策金利として活用しているものの1つで、銀行間の一時的な資金過不足の調節の際に使用される金利である。日本の無担保コール・レート翌日物に相当する。

フォーフェイティング（FORFAITING）

信用状発行銀行または手形の支払人の引受を前提に、銀行が輸出者に対する買戻遡求権を放棄した形で輸出手形を買い取ることをいう。通常、買い取った輸出手形が不渡となった場合、買取銀行は輸出者に買戻を請求し資金の返還を求めるが、フォーフェイティングではこの買戻請求（遡求）権を銀行が放棄した形で買い取る。ここが通常の輸出為替の買取と大きく異なる点である。輸出者にとっては輸出債権を「売切り」状態にすることが可能なため、債権回収リスクから完全に解放される。

フォワーダー（FORWARDER）→乙仲

付加価値税（ふかかちぜい）

商品販売やサービス提供といった取引に対して課される税金。VALUE ADDED TAXの頭文字から「VAT」と略される。日本の消費税に相当する。欧州では20%前後が主流でデンマークやスウェーデンのように、25%の国もある。食料品や衣料品など生活必需品に対する税率は低く抑えられるケースが多い。→VAT、VALUE ADDED TAX

不可抗力（ふかこうりょく、FORCE MAJEURE）

外為取引に支障が出る原因となる天災、人災を含む契約当事者のコントロールを越える突発的な非常事態のこと。通常の注意や予防では防ぐことができないことをいう。具体的には、日本の3.11東日本大震災、タイの大洪水、フィリピンの大型台風などがあげられる。

複合運送書類（ふくごううんそうしょるい、COMBINED TRANSPORT DOCUMENT、MULTIMODAL TRANSPORT DOCUMENT）

船→鉄道、トラック→船など、2種類以上の運送手段による複合運送契約を証して運送人により発行される書類のこと。物流の合理化やコンテナ輸送の発展に伴い、複合運送の利用は増加している。

覆面介入（ふくめんかいにゅう）

介入したかどうかをあえて公表しない為替介入のこと。当局がいつ介入してくるかわからないとの疑心暗鬼を市場に広げ、介入の効果をより高めるために使われる。

双子の赤字（ふたごのあかじ）

財政赤字と貿易赤字のこと。1980年以降米国の最大課題となり、2011年以降、日本の重要課題でもある。

普通送金（ふつうそうきん、M/T：MAIL TRANSFER）

送金銀行が支払銀行への支払指図を郵便により発信する送金のこと。郵送送金ともいわれる。郵送途上の紛失または遅延の可能性があり、現在では、原則として普通送金を取り扱わない銀行もある。

普通預金（ふつうよきん、ORDINARY DEPOSIT）

いつでも自由に預入れ・払戻ができる典型的な預金口座。

プットオプション（PUT OPTION）

外貨を一定相場（行使価格、ストライクプライス）で売る権利。→通貨オプ

ション

船積み（ふなづみ、SHIPMENT）

　船積み（SHIPMENT）は、航空機に積み込む場合も含む。船積日は通常、積込式船荷証券や航空貨物運送状の発行日ということになる。

船積後金融（ふなづみごきんゆう）

　船積み後、実際に代金が回収されるまでの金融。荷為替手形の買取、フォーフェイティング、インボイス・ディスカウントなどがある。→船積前金融、輸出金融

〔船積前金融と船積後金融〕

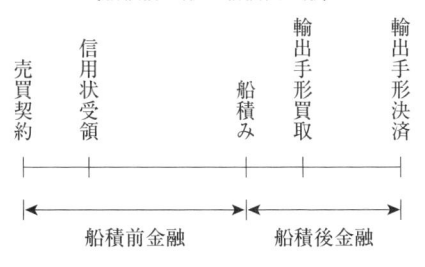

売買契約　信用状受領　船積み　輸出手形買取　輸出手形決済
　　　　　　　　船積前金融　　　　船積後金融

船積書類（ふなづみしょるい、SHIPPING DOCUMENTS）

　貨物を船積託送したことに基づいて作成される書類で、通常、貿易代金の決済には、その引渡が条件となり、荷為替取組みの際は、手形に付帯される重要な書類である。その主要なものは、商業送り状、船荷証券などの運送書類、保険書類であるが、このほかに、領事送り状、税関送り状、原産地証明書、包装証明書、各種検査証明書などがあり、これらを船積書類と総称する。→ドキュメンツ

船積船荷証券（ふなづみふなにしょうけん、SHIPPED B/L）

　貨物が記載船舶に船積みされた（SHIPPED ON BOARD A NAMED VESSEL）ことを示している船荷証券のこと。→船荷証券（B/L）

船積前金融（ふなづみまえきんゆう）

　商品を輸出船積みするまでの金融。輸出前貸、L/Cコンファーム、輸出関連保証などがある。→船積後金融、輸出関連保証、輸出金融、輸出前貸

船荷証券（ふなにしょうけん、B/L：BILL OF LADING）

　運送人等が物品の受取または船積みを認証し、それを海上運送し、指定された陸揚港において証券の正当な所持人に引き渡すことを約する有価証券のこと。同時に、運送人と荷送人との間で海上物品運送契約を締結したことを証明する証拠書類でもあり、また貨物の受取証でもある。裏書によって流通し、荷為替手形の付属書類の中軸をなす。通常、一貨物の運送につき3通発行され、指定の陸揚港では、そのうち1通と引き換えに貨物の引渡が請求できるが、陸揚港以外で荷渡を受ける場合は全通の呈示を要する。

プライムレート（PRIME RATE）

　最優遇貸出金利のこと。銀行が、信用度の特に高い優良企業への貸出に際して適用する貸出金利。

プラザ合意（プラザごうい）

　1985年9月22日にニューヨークのプラザホテルで開かれた5カ国蔵相会議（G5）におけるドル高是正のための合意。それまでのドル独歩高を修正し、対外不均衡を為替相場面の調整で是正するのが目的であった。この合意に基づき、各国はドル売りの協調介入に乗り出し、1米ドル＝240円台が1985年末には1米ドル

=200円まで一気に修正され、その後の円高・ドル安の基調をつくりあげることになった。

フラット（FLAT）
先物相場と直物相場に差（スプレッド）がない状態のこと。→スワップ・スプレッド

プラント輸出（プラントゆしゅつ）
鉱工業生産設備を輸出したり、電気・ガス供給設備、放送・通信設備、水道設備、医療施設などを外国で建設するような大規模取引を指し、ほとんどの場合、発展途上国がプラントの輸出相手国となっている。→インフラ輸出

フレート（FREIGHT）
運送業者が運送契約に従って、海運、空運などにおいて旅客や貨物の輸送のサービスの対価として受け取る料金、運賃のこと。

フレート・ユーザンス（FREIGT USANCE）
輸入取引に伴って発生する貨物の運送代金を、輸入者が船会社などに支払う場合に、銀行が一定期間立替払して支払を猶予する輸入金融をいう。→ユーザンス

ブレトン・ウッズ体制（ブレトン・ウッズたいせい）
IMFと世界銀行を中心とした戦後のドル本位制のこと。1944年、米国ニューハンプシャー州ブレトン・ウッズで、45カ国の参加により第二次世界大戦後の国際通貨体制に関する会議が開催された。この会議の決定により、1946年に発足したのがIMFと世界銀行であり、この2つの国際金融機関を中心として、戦後のドル本位制が始まった。このブレトン・ウッズ体制は、1971年のニクソン・ショックにより、崩壊した。→ドル本位制、IMF、世界銀行、ニクソン・ショック

プレミアム（PREMIUM）
先物相場が、直物相場に比べて、先になるほど高くなること。→スワップ・スプレッド

ブローカー（BROKER）
インターバンク市場参加者の外貨売買の仲介者。→東京外国為替市場

フロート制（フロートせい）→変動相場制

プロフォーマ・インボイス（PROFORMA INVOICE）
輸入者があらかじめ輸入価格を計算したり、輸入地での輸入の許可を取得したりするために、輸出者が、船積み前に作成し、輸入者に送付する書状。いわゆる、見積書のこと。

不渡（ふわたり）
支払拒絶、不払い。→UNPAID

分割船積み（ぶんかつふなづみ、PARTIAL SHIPMENTS）
輸出者が信用状に記載された貨物（物品）を1回で（全量）船積みするのではなく、数回に分けて（または信用状に記載の分割船積みの条件に従って）船積みすること。

分析証明書（ぶんせきしょうめいしょ、CERTIFICATE OF ANALYSIS）
化学品等の輸出において、その成分を権威ある検査機関に分析してもらうことがあり、その検査機関により発行された書類を分析証明書という。

分損担保（ぶんそんたんぽ、WA：WITH AVERAGE）

FPA条件の三大事故によらない分損でも損害が一定の割合に達していると保険金が支払われる。しかし、このWA条件でカバーされるのは海固有の危険等にとどまるので、めったに使用されない。

分損不担保（ぶんそんふたんぽ、FPA：FREE FROM PARTICULAR AVERAGE）

FPA条件では、「座礁」「沈没」「大火災」の三大事故の場合に限り、分損でも保険金が支払われる。これは丈夫な貨物、たとえば鉱石の場合等に使われる。

へ

並行輸入（へいこうゆにゅう、PARALLEL IMPORT）

海外の有名ブランド商品などを日本国内における正規ルートの輸入商社以外の輸入業者が、第三国にある同商品の販売店を経由、購入した者などから輸入することをいう。日本の場合、並行輸入業者が、バッグ、時計、洋酒などのブランド品を香港やシンガポールにある販売店を経由、購入した者などから輸入する場合が多く、正規ルートの販売店の国内販売価格よりも安く国内販売している。

米連邦準備制度（べいれんぽうじゅんびせいど、FEDERAL RESERVE SYSTEM、FRS）

米国の中央銀行制度。連邦準備制度の統括機関である連邦準備制度理事会（FRB）が、定期的に開催する連邦公開市場委員会（FOMC）で、政策金利などの金融政策に関する決定を行う。略称はFRSであるが、実際にはFRBとはあまり区別されず、両者ともFRBと呼ばれることが多い。

ペーパーカンパニー（PAPER COMPANY）

会社登記だけしてあるが、実質的にはなんら営業活動をしていない会社。税逃れのために設立することが多い。→タックスヘイブン

ヘッジファンド（HEDGE FUND）

富裕層や大口投資家からお金を集め投機的な売買を繰り返して高収益をねらう私的な投資組合。株式、為替、債券などさまざまな金融商品に複雑な方法を駆使して投資する。

ベネ

ベネフィシャリー（BENEFICIARY）の略称。受益者のこと。ベネフィシャリーでは長いため、日常の実務上では「ベネ」として使われる。→BENEFICIARY、受益者

変動金利（へんどうきんり）

市中金利の上下動によって金利が変わること。→固定金利

変動相場制（へんどうそうばせい、FLOATING EXCHANGE RATE SYSTEM）

各国通貨の価値を固定せずに市場の動きを通じて決める制度。フロート制。1978年4月に発足したキングストン体制では、各国は固定相場制でも変動相場制でも自由に採用できることになっており、変動相場制を認知。名実ともに総フロート時代となった。ただIMFは加盟国の85％の多数決で固定相場制への復帰を宣言できることになっている。→固定相場制

貿易（ほうえき、TRADE）

　異なる国の輸出者（売主）と輸入者（買主）との間の物品（貨物）の移動を伴う取引のこと。貿易取引には、輸出取引（たとえば、わが国から米国への自動車の輸出）と輸入取引（たとえば、中国からわが国への繊維製品の輸入）がある。このほか、仲介貿易取引も貿易取引に含まれる。これらの貿易取引に伴い、売主と買主との間で貨物代金を決済するための外国為替取引が発生することになる。→輸出取引、輸入取引、仲介貿易

貿易外収支（ほうえきがいしゅうし）

　国際収支のうち、資金の貸借以外のサービスの取引による収支をいう。→国際収支、貿易収支

貿易外取引（ほうえきがいとりひき）

　貨物の輸出入（貿易取引）以外の取引の総称。外為法の分類によれば、広義の貿易外取引は、次のとおりである。
① 役務、特許権、著作権等、目にみえないものの対価の支払
② 目にはみえるけれど貨物とはいえないもの、たとえば、不動産や金地金の対価の支払等
③ 何かの「対価」の支払ではなく、資金の移動自体が取引の目的である場合、たとえば、金銭の貸借、投資、贈与等
④ 資金の移動がない「保証」契約等

貿易金融（ほうえききんゆう）

　輸出や輸入などの貿易に必要な資金を融通したり、外国為替取引の決済に関連して信用を供与することで、取引形態によって、輸出金融、輸入金融に大別される。→輸出金融、輸入金融

貿易収支（ほうえきしゅうし）

　国際収支のうち、商品の輸出取引と輸入取引のバランスを表す。→国際収支、貿易外収支

〔日本の貿易収支〕

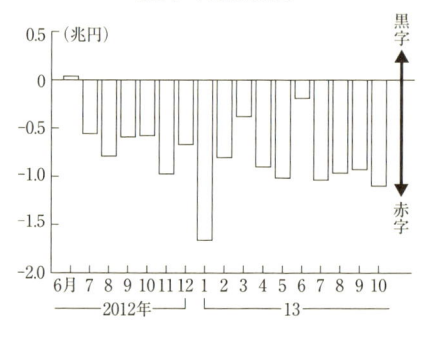

貿易手形（ほうえきてがた）

　本来の意味は貿易取引に伴って振り出される手形を指すが、わが国で一般に貿易手形と呼ばれるのは、貿易に伴って生ずる国内金融に関係した手形のこと。すなわち、輸出貨物の生産・集荷に必要な資金の調達や輸入手形決済資金の供給を目的とする手形をいう。

貿易取引条件（ほうえきとりひきじょうけん）

　輸出者（売主）と輸入者（買主）との間で売買契約を締結するにあたり、契約のつど、双方が詳細な契約条項を取り決めることは当事者にとって煩雑で大きな負担となる。このため、FOB契約、CIF契約などの標準的な貿易取引条件（TRADE TERMS）が利用されるよう

になった。→インコタームズ2010

貿易保険（ぼうえきほけん）

輸入者の信用リスクのほか、外貨事情の悪化に伴う為替制限、戦争、暴動、自然現象による災害などの非常リスクにより、輸出者が被る被害をてん補する保険制度。被害額が大きいうえに、事故の発生率などが算定しにくいために、主に政府（経済産業省）が引き受けている。独立行政法人日本貿易保険が担当し、貿易一般保険（個別保険）、企業総合保険、輸出手形保険などがある。

貿易摩擦（ぼうえきまさつ）

輸出入取引において関係諸国間で起こる紛争のこと。日本の貿易収支は戦後、特に米国との間で黒字状態が続き、自動車や家電等の個別商品をめぐる摩擦問題が生じた後、直接投資や産業構造を含む経済摩擦にまで進展した。通商摩擦ともいう。最近では、日本と米国の対中国との貿易赤字が増加し、日米貿易摩擦が、米中と日中摩擦へと移行している。

邦貨建て（ほうかだて）

外国との輸出入契約などに際して契約価格を自国通貨で表示することで、外貨建てに対する用語。外貨建ての場合と異なり、為替リスクを回避することができる。

邦銀ユーザンス（ほうぎんユーザンス）

本邦銀行（外国銀行の在日支店含む）が本邦輸入者のために、輸入者にかわり対外決済を一覧払手形で行い、輸入者の決済を一定期間猶予するもの。外銀ユーザンスに対する用語で、自行ユーザンス、本邦ローンともいう。→外銀ユーザンス

包装明細書（ほうそうめいさいしょ）→パッキングリスト

北米自由貿易協定（ほくべいじゆうぼうえききょうてい、NAFTA）

米国、カナダ、メキシコの3カ国による自由貿易協定。

保険証券（ほけんしょうけん、I/P：INSURANCE POLICY）

貨物の運送中における事故（たとえば、船の沈没、火災、戦争など）で被った損害をてん補するのが貨物保険であり、保険契約が成立すると保険会社は保険証券を発行する。保険証券は有価証券ではないが、保険金を受け取る権利は裏書によって移転する。建値がCIFの場合は輸出者が、建値がCFRならびにFOBの場合は輸入者がそれぞれ付保手続を行う。このため、建値がCIFの場合、輸出者の提出書類として保険証券が必要となるが、建値がCFRならびにFOBの場合には不要である。

保険承認状（ほけんしょうにんじょう、INSURANCE CERTIFICATE）

保険承認状は、保険証券の記載内容を簡略化したものであり、保険金請求に際しては、保険証券とまったく同じ効力のある証拠証券である。

保護貿易主義（ほごぼうえきしゅぎ）

自由貿易主義に対し、保護関税を設けて輸入制限をすべきとする考え方。自国の産業が海外からの安い製品の輸入で損害を受けることを避けるためのものである。

保証債務履行請求期限（ほしょうさいむりこうせいきゅうきげん）

受益者が保証発行依頼人に対する不履

行を申し立て、発行銀行へ保証金額の支払請求を行うことのできる期限。現地銀行発行方式(裏保証)の場合は、現地銀行(保証書発行銀行)が受益者より依頼人の不履行による履行請求を受け、それに基づいて現地銀行が発行依頼人の取引銀行に対して履行請求を申し立てることができる期限となる。保証債務履行請求期限は、銀行によって指定されている場合があるが、通常、有効期限後15日後、インドの場合は30日後とされる。

保証状(ほしょうじょう、LETTER OF GUARANTEE、L/G)

　第三者の債務不履行、不完全履行が発生した場合に、債務者と連帯してまたは単独で損害賠償に応じたり、かわって債務を履行することを証した書状であり、債務者への信用供与の一手段である。銀行が顧客の依頼により発行するものには、輸出関連で入札保証、契約履行保証、前受金返還保証などがあり、輸入関連では荷物引取保証がある。顧客が銀行に対して差し入れる保証状には、ディスクレ発生時のL/Gがある。→入札保証、契約履行保証、前受金返還保証、荷物引取保証、L/G NEGOTIATION、L/G付買取

保税(ほぜい)

　外国から輸入する貨物について、その関税徴収を一時留保する意味で、外国貨物の輸入許可未済の状態をいう。→外国貨物、関税、保税地域

保税地域(ほぜいちいき)

　財務大臣が指定するかまたは税関長が許可することにより、外国貨物を蔵置、または加工・製造・展示等をすることができる場所のこと。保税地域(BONDED AREA)には財務大臣の指定するものとして指定保税地域(DESIGNATED BONDED AREA)があり、税関長が許可するものとして、保税上屋(BONDED SHED)、保税倉庫(BONDED WAREHOUSE)、保税工場(BONDED MANUFACTURING WAREHOUSE)および保税展示場がある。

ボラティリティー(VOLATILITY)

　オプション取引の変動性のこと。

本船渡し(ほんせんわたし、FOB:FREE ON BOARD)

　商品(貨物)本来の値段と、商品を本船に積み込むまでの費用が含まれたもの。本船の運賃や海上保険の保険料は、含まれない。輸出者は、輸入者によって指定された港および本船上で、貨物を引き渡す義務がある。危険負担と費用負担は、貨物が船積港において、本船の手すりを通過した時に、輸出者から輸入者に移転する。運賃は、輸入者負担であり、船荷証券(B/L)には、FREIGHT COLLECT(運賃着払)と表示される。輸出者は、保険契約の義務がないので、船積書類に保険証券は含まれない。商品の引渡場所である船積港の名前をつけて、たとえば、東京港からの船積みであれば、FOB TOKYOというように表示される。→FOB

ボンド(BOND)　→輸出関連保証、入札保証、契約履行保証、前受金返還保証、瑕疵担保保証、留保金返還保証

本人確認義務(ほんにんかくにんぎむ)

　銀行は、顧客(法人・個人とも)と下記の取引を行う際に、公的書類の提示を

求めて、本人確認を行わなければならない。
① 特定為替取引（10万円相当額超）
② 資本取引に係る契約締結等行為
③ 外貨両替取引（2百万円相当額超）
④ 氏名・住所等の本人特定事項に偽りがある場合
⑤ 第三者が取引の名義人になりすましている疑いがある場合、など。

本邦銀行直接発行方式（ほんぽうぎんこうちょくせつはっこうほうしき）
保証状（BOND、L/G）の発行形態で、受益者に対して発行依頼人の取引銀行が直接発行する方式。→OUR ISSUE、表保証方式

本邦ユーザンス（ほんぽうユーザンス）
外貨建ての輸入において、本邦銀行が自己の発行した信用状に基づいて振り出された一覧払輸入手形について外国銀行に対して直ちに決済する一方、輸入者に対しては自行保有の外貨資金を使用して一定期間支払猶予を行う輸入金融方式。自行ユーザンス、邦銀ユーザンスまたは本邦ローンとも呼ばれ、その貸付は円建てではなく、外貨建てのままである。→自行ユーザンス、邦銀ユーザンス

本邦ローン方式（ほんぽうローンほうしき）
→本邦ユーザンス

ま

マーケット・クレーム（MARKET CLAIM）
輸入者が、現地の市況の変化などによ り輸入しようとしている製品の価格などが下落し、輸出者に対して製品にかかわる不当なクレームをつけること。

マージン（MARGIN）
利鞘、為替鞘、儲け。→MARGIN

マイナー通貨（マイナーつうか）
限られた地域の市場（ローカルマーケット）で取引される通貨。したがって、取引量も取引参加者も少なく、その国・地域の市場が終わると取引できないことがある。さらに国の為替政策や制度の変更により、取引量が極端に少なくなることもあり、場合によっては、取引できなくなることもあるので注意が必要である。→エマージング通貨、主要通貨

マイナス金利（マイナスきんり）
金利がマイナスになること。通常は、預金、貸金の利子あるいは利息がマイナスになることはないが、超低金利時などの特別な状況において発生することがある。2012年12月、スイスの大手金融機関が預金金利をマイナスに引き下げる異例の措置を導入した。欧州危機でユーロ圏などからスイスに大量の資金が流れ込んだため、資金流入を抑える苦肉の策といえる。

前受金返還保証（まえうけきんへんかんほしょう、REFUNDMENT BOND）
船舶やプラントの輸出のように完成まで長期間を要する場合、工事の進捗状況に応じて、輸出者は代金の一部を前受金として受領する場合があるが、契約が不履行になった場合にそれまで受領した前受金の返還を担保する保証金の差入れを要求されることがある。この保証金が現金で差し入れられることはまれで、銀行

が発行する保証状などにより対応されることをいう。

〔前受金返還保証〕

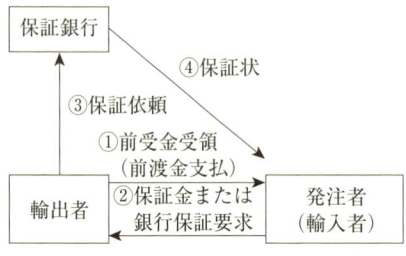

```
保証銀行
  ↑ ↘
  ③保証依頼  ④保証状
  ①前受金受領
  （前渡金支払）
輸出者 ←──────→ 発注者
      ②保証金または   （輸入者）
      銀行保証要求
```

前受送金（まえうけそうきん）

輸出者は、代金を受領してから商品を船積みするが、輸入者は、商品を受領する前に代金を支払うので、輸出者には有利で、輸入者には商品入手リスクが残る不利な決済方法である。

〔送金ベースによる決済〕

```
           〈輸出サイド〉  〈輸入サイド〉
送金ベース｛ 前受送金 ←──→ 前払送金
           後受送金 ←──→ 後払送金
```

前払送金（まえばらいそうきん、ADVANCE PAYMENT）

輸入者が貨物を入手する前に輸出者へ代金を送金すること。輸出者からみると前受送金になる。輸入者にとっては、代金を先に支払っても、輸出者から貨物が送付されない、入手した貨物の品質に問題がある等のリスクがあり、不利な決済方法といえる。輸出者にとっては、代金の受領後に貨物を船積みすればよいので、有利な決済方法といえる。

マスター信用状（マスターしんようじょう、MASTER L/C）

すでに発行されている信用状（L/C）を見返りとして、新しいL/Cを発行する場合、新しいL/Cの裏付けとなる先に発行されたL/Cのことである。マザー信用状またはオリジナル信用状（原信用状）ともいう。仲介貿易において、代金決済方法をL/Cベースとする場合には、仲介者は、自己を受益者として通知を受けたL/C（マスター信用状）の条件を満たすL/C（見返信用状）の発行を取引銀行に依頼することになる。このように、マスター信用状は、あくまで信用状を見返りに新しい信用状が発行された場合に、両者を区別する、または裏付けの関係を表す言葉として用いられる。→信用状、見返信用状、仲介貿易

マネーオーダー（MONEY ORDER）

送金人が銀行／郵便局から一定金額の支払指図書の発行を受け、受取人に送付すると、受取人はこれを支払機関に呈示することにより記載金額の支払を受ける。郵便局が振り出すものと、銀行が振り出すものがある。

マネーサプライ（MONEY SUPPLY）

中央銀行と市中金融機関の市中に対する通貨供給量をいうが、具体的には金融機関以外の民間部門および地方自治体の保有する現金預金の総量である。日銀のマネーストック統計では、その範囲を次の3種類に分けて発表している。すなわち、現金通貨に預金取扱金融機関の要求払預金を加えたM_1、M_1に定期預金などの準通貨を加えたM_2、M_2にゆうちょ銀行、農協、信用組合などの預貯金を加えたM_3である。マネーサプライは景気や物価の動向ときわめて密接な関係があるため、各国とも中央銀行は金融政策運営にあたっての重要な判断材料にしてい

マネー・ローンダリング（MONEY LAUNDERING）

資金洗浄のこと。犯罪などの不正取引から資金を得た者が、資金の出所や真の所有者を隠蔽するために、金融機関の口座に入金したり金融商品を購入したりして、口座から口座へと資金移動を行うこと。麻薬、賭博、詐欺、汚職、脱税、粉飾決算、裏金などで得たダーティー・マネーが金融機関の口座を転々としていくうちに、きれいに洗浄されていくことを表する。

マネタリーベース（MONETARY BASE）

日本銀行が、金融市場で銀行などの金融機関に供給しているお金の残高。現金と金融機関が日銀に置く当座預金の合計額で、金融機関の手元資金量に相当する。

マリー（MARRY）

外貨債権と外貨債務を同条件（同通貨、同金額、同時期）で組み合わせて、為替リスクを回避する方法。典型的なマリーの手法は、以下のとおりである。
① 輸出代金の受取を輸入代金の支払に充当する
② 外貨預金を輸入代金の支払に充てる
③ 輸入代金の支払をインパクトローンの借入れでまかなう
④ 輸出代金の回収をインパクトローンの返済に充てる、等

海外との取引のウェイトが高まると、企業は、各種の外貨債権および外貨債務をもつようになる。外貨債権と債務のバランスを図り、決済のタイミングをあわせることができれば、マリーにより、為替変動リスクの回避につなげることができる。

見返信用状（みかえりしんようじょう、BACK TO BACK CREDIT）

海外から受け取った輸出信用状（マスター信用状）を引当として、商品の代金支払のために、製造業者や商品供給者に宛て発行される信用状のこと。ベビー信用状ともいう。仲介貿易において、代金決済方法をL/Cベースとする場合には、仲介者は、自己を受益者として通知を受けたL/C（マスター信用状）の条件を満たすL/C（見返信用状）の発行を取引銀行に依頼することになる。→信用状、マスター信用状、仲介貿易

ミニマムチャージ（MINIMUM CHARGE）

少額手数料で、銀行が事務コストをカバーするために設定している手数料。

無確認信用状（むかくにんしんようじょう、UNCONFIRMED CREDIT）

信用状発行銀行以外の銀行が、信用状に基づいて振り出された手形の支払・引受を確認していない信用状をいう。確認銀行の確認がついていない信用状で、実

際に発行されている信用状では、この無確認信用状が圧倒的に多い。→確認、確認信用状

無為替輸出（むがわせゆしゅつ）
　輸出貨物の価額の全部について、支払手段による決済を要しない輸出のこと。サンプル輸出や商品クレームによる代替商品の輸出がこれに当たる。インボイス上では、NO COMMERCIAL VALUEと表示される。

無為替輸入（むがわせゆにゅう）
　輸入貨物の価額の全部について、対外決済を要しない輸入のこと。サンプル輸入や商品クレームによる代替商品の輸入がこれに当たる。

め

メール期間金利（メールきかんきんり、MAIL INTEREST）
　信用状の決済方法がリンバース方式で決済銀行（補償銀行）にある信用状発行銀行の勘定を引き落とす場合、銀行は、船積書類の到着前に預け金勘定を引き落とされ、輸入者への船積書類到着案内後に資金を回収することになるため、銀行は、その間輸入者に資金の立替えをしていたことになる。この立替期間の金利のことをメール期間金利という。

も

元地回収B/L（もとちかいしゅうビーエル）
　→サレンダードB/L

モントリオール議定書（モントリオールぎていしょ）
　正式には、「オゾン層を破壊する物質に関するモントリオール議定書」であり、成層圏オゾン層破壊の原因とされるフロン等の規制に向け、オゾン層破壊物質の削減スケジュールなど具体的な規制措置を定めたものである。毎年、同議定書の締約国会議が開かれており、数年おきに改正を行って、規制強化を図っている。

ゆ

有効期限（ゆうこうきげん）
　信用状や保証状などが効力を有する期限。→EXPIRY

ユーザンス（USANCE）
　通常、貿易に伴う貨物代金の支払を一定期間猶予すること。たとえば、輸入ユーザンスの場合は、輸入者が貨物の輸入に際して外国の輸出者から振り出された輸入手形を直ちに決済することなく、一定期間その決済を猶予してもらうもので、その間に銀行から貨物の貸渡（T/R）を受けてこれを売却し、売却代金で

手形の決済を行うものである。輸入ユーザンスの主な方式としては、本邦ユーザンス、外銀ユーザンスなどがある。

有事規制（ゆうじきせい）

外為法は、対外取引が自由に行われることを基本とするという原則自由の法体系だが、有事の場合には、規制を課すことができるとし、これを有事規制と呼ぶ。

有事のドル買い（ゆうじのドルがい）

国際的な緊張が高まると、米国の圧倒的な軍事力や政治力、米ドルの流動性に対して、市場参加者の信認が増し、為替市場において、米ドル買い需要が急激に高まること。

郵便小包受領書（ゆうびんこづつみじゅりょうしょ、PARCEL POST RECEIPT、POSTAL RECEIPT）

書籍等の小型で少量の貨物の場合には、郵便小包で貨物を発送することがある。郵便小包の場合は、船荷証券のような貨物を化体するような書類は発行されず、郵便局によって貨物の受取証が発行されるだけである。

ユーロ（EURO）（ユーロ）

ユーロ圏の通貨単位。1999年より導入され、米ドルに次ぐ国際通貨。

ユーロ円（ユーロえん）

日本国外に所在する金融機関に円建てで預金されているか、または円建てで貸し付けられている資金を指す。ユーロ円取引には、ユーロ円債、中長期ユーロ円貸付などがある。

ユーロ円インパクトローン（ユーロえんインパクトローン）

インパクトローンは、米ドル、スイスフランなど外貨で利用されているほか、ユーロ円でも利用されており、ユーロ円インパクトローンまたはユーロ円貸付と呼ばれる。借入人は本邦の居住者、貸出店は本邦銀行の海外支店で、借入人の預金口座に融資金額が振り込まれる方式で行われる。ユーロ円とは、外国で流通する円を広く称したものだが、実務上は通常、本邦銀行の香港支店またはシンガポール支店が貸し出す方式が利用されている。借入人による返済は、海外支店への外国送金によって行われる。海外支店が貸出店であるが、与信手続、約定書、金銭消費貸借契約書の徴求等の事務処理は、国内の取引店が行う。最近では、ユーロ円インパクトローンから市場金利をベースとした国内円貸出に移行しつつある。→インパクトローン

ユーロ危機（ユーロきき）

2009年にギリシャの財政危機を発端として顕在化したユーロ危機は、イタリア、スペインに飛び火し、キプロス問題に示されるように、依然、出口がみえない状態にある。ユーロ危機は、今日の世界経済が直面する最大のリスク要因の1つである。

ユーロ圏（ユーロけん）

欧州連合（EU）の主要国が参加する経済・通貨同盟。参加各国は自国通貨を放棄して、共通通貨ユーロを導入。金融政策の運営を欧州中央銀行（ECB）に一任するほか、経済・財政政策等の共通化も目指している。1999年に、ドイツやフランス、イタリアなどの主要国で発足し、その後、中・東欧勢が加わったが、英国やスウェーデン、デンマークなどは

ユーロ圏に参加していない。

ユーロ市場（ユーロしじょう）
　母国以外の通貨の金融取引で成り立っている市場をいう。→ロンドン市場

ユーロダラー（EURO DOLLAR）
　米国以外の銀行に預けられた米ドル建預金で、発生当初、ヨーロッパを中心に取引が拡大していったため、ユーロという接頭語がつけられている。

輸出関連保証（ゆしゅつかんれんほしょう、BOND：ボンド）
　商品輸出や海外プロジェクトに伴う大口プラント輸出で、輸入者が輸出者に対して差入れを求める銀行保証のこと。→BID BOND、入札保証、PERFORMANCE BOND、契約履行保証、REFUNDMENT BOND、前受金返還保証、WARRANTY BOND、瑕疵担保証、RETENTION BOND、留保金返還保証

輸出金融（ゆしゅつきんゆう）
　輸出に関して行われる金融の総称で、輸出者が受ける信用だけでなく、それを供与した銀行が受ける信用も含まれる。一般に、船積前金融と船積後金融、円貨金融と外貨金融、長期輸出金融と短期輸出金融などに分類できる。→貿易金融

輸出者（ゆしゅつしゃ）　→受益者、ベネ、BENEFICIARY、EXPORTER、SELLER

輸出申告（ゆしゅつしんこく、EXPORT DECLARATION）
　税関長から許可を得るための貨物の申告。関税法第67条に基づき、貨物を輸出しようとする者は、許可を受けるために貨物の品目・数量・価格などを税関長に申告し、許可を受ける。実務としては、乙仲がインボイス、輸出申告書などの必要書類を提出することにより行われる。→乙仲

輸出手形保険（ゆしゅつてがたほけん）
　銀行が買い取った荷為替手形が不渡あるいは不払いとなった場合に、日本貿易保険が、手形金額の95％をてん補する制度のこと。銀行は買い取った荷為替手形が不渡・不払いになると、通常、輸出者に買戻請求を行うが、本制度を利用している場合は、輸出者に対する買戻請求のかわりに、独立行政法人日本貿易保険に保険金を請求する。この保険金で大部分の損失をカバーできるため、銀行は輸出者の買戻能力を懸念することなく買取に応じることができる。これにより銀行の信用状なし輸出為替の買取が促進されることになる。輸出者は、不渡になっても銀行から買戻請求を受けないので、結果として輸出者の負担する代金回収リスクはカバーされることになる。

輸出取引（ゆしゅつとりひき）
　日本の輸出業者が、外国の輸入業者との売買契約に基づいて、海外に商品を輸出し、その輸出代金を回収するまでの一連の流れを、輸出取引という。言い換えると、輸出者が輸出する商品の生産ないし集荷をして、その販売代金を輸入業者から回収することといえる。

〔輸出取引〕

日本 （A社）	←貨物→ ←貨物代金→	米国 （B社）

輸出入・港湾関連情報処理システム（ゆ

しゅつにゅう・こうわんかんれんじょうほうしょりシステム）

　通称、NACCSという。税関、関係行政機関および関連民間業者をオンラインで結び、輸出入等関連業務の効率化・迅速化を図るシステムのこと。利用者は、税関、通関業者および銀行の三者で、銀行は通関業者の輸入申告に伴う関税などの口座振替による納付事務の取扱いを行う。

輸出ファクタリング（ゆしゅつファクタリング）

　信用状なし荷為替手形や後受送金ベースの輸出取引において、輸入者が財務上の理由で輸出代金を支払えなくなった場合に、輸出者が被る損失を、ファクタリング会社が保証する制度のこと。

輸出前貸（ゆしゅつまえがし）

　広義には、輸出者にとって輸出貨物の製造、加工、集荷のために必要な資金を銀行が融資するもので、輸出船積み前の金融である。輸出船積み後、輸出為替の買取等により融資代り金は返済される。

輸出予約（ゆしゅつよやく）

　銀行が、外貨を購入（顧客が外貨を銀行に売却）する為替取引に適用する為替予約（＝買予約）。〈例〉輸出手形の買取、被仕向外国送金の支払

輸入関税（ゆにゅうかんぜい）

　外国から貨物や商品を輸入するときにかかる租税。財政収入と国内産業の保護が目的である。

輸入金融（ゆにゅうきんゆう）

　輸入に関して行われる金融の総称で、代金決済段階における為替金融には、本邦ユーザンス、外銀ユーザンスなどがあり、為替金融の前段階または以後の段階における金融には、直はねと呼ばれる輸入為替決済資金の円金融や、輸入ユーザンス決済のための円金融（はね返り金融）などの円金融主体の国内融資などがある。→貿易金融

輸入者（ゆにゅうしゃ）　→APPLICANT、BUYER、IMPORTER

輸入申告（ゆにゅうしんこく、IMPORT DECLARATION）

　税関長から輸入許可を得るための貨物の申告。貨物を保税地域に搬入後、輸入申告を行う。輸入申告書、インボイスなどの必要書類を提出し審査を受ける。NACCSによる申告が多くなり、手続は簡素化されている。→保税地域、NACCS

輸入信用状発行依頼書（ゆにゅうしんようじょうはっこういらいしょ）

　輸入信用状の発行を依頼するときは、輸入信用状発行依頼書に信用状の内容を記入し、銀行へ提出する。同時に、輸入ユーザンス、はね融資、T/R、L/G等を希望するときは、輸入関連融資申込書等により申し込む。

輸入担保荷物保管に関する約定書（ゆにゅうたんぽにもつほかんにかんするやくじょうしょ）

　輸入ユーザンスや荷物引取保証（L/G）の与信取引を開始するときは、銀行取引約定書のほか、銀行は顧客から輸入担保荷物保管に関する約定書の提出を受ける。

輸入取引（ゆにゅうとりひき）

　国内の輸入業者が、商品や原材料を海外の輸出業者から仕入れることである。

〔輸入取引〕

日本（A社）　←貨物／貨物代金→　中国（C社）

輸入はね返り金融（ゆにゅうはねかえりきんゆう）

輸入者は、自己資金に余裕がなければ、輸入貨物販売代金の回収まで輸入ユーザンスを利用するのが一般的だが、航海日数の関係や、原材料の輸入で、製品化から販売代金の回収までに長期間を要するなどの理由で、通常のユーザンス期間内に貨物代金を回収できない場合がある。このようなケースで、通常のユーザンス期間は外貨ユーザンスを使用するものの、ユーザンス期間終了後代金回収までの間は円で融資を受ける場合がある。このように、外貨ユーザンス終了後もこれに引き続き円融資を受ける場合、これを輸入はね返り金融という。

輸入ユーザンス（ゆにゅうユーザンス、IMPORT USANCE）

輸入者が輸入代金の決済を将来の一定期間にわたって猶予してもらう金融。ユーザンスの相手方が銀行である場合には、銀行ユーザンスと呼び、支払猶予に応じてくれる相手方がこの取引の輸出者である場合には、シッパーズユーザンスと呼ぶ。→アクセプタンス方式、外銀ユーザンス、自行ユーザンス、邦銀ユーザンス、本邦ユーザンス、シッパーズユーザンス

輸入予約（ゆにゅうよやく）

銀行が、外貨を売却（顧客が外貨を銀行から購入）する為替取引に適用する為替予約（＝売予約）。〈例〉輸入決済、仕向外国送金の取組み

輸入割当品目（ゆにゅうわりあてひんもく）

品目によっては輸入割当てを受けた者でないと輸入できない貨物がある。輸入割当制度のことをIMPORT QUOTA SYSTEMといい、これに該当する貨物を輸入割当品目、IQ品目、ということもある。その内容については経済産業大臣により公表される（経済産業調査会の日刊紙「経済産業公報」、ジェトロ発行の「通商弘報」、外国為替研究協会発行の『外国為替・貿易小六法』等に掲載される）。たとえば、近海魚、食用の海草、人用ワクチン、火薬類、軍用航空機、武器、原子炉等の非自由化品目やワシントン条約動植物およびその派生物（加工製品等）、モントリオール議定書附属書に定める規制物質等がある。これらの貨物の輸入については、経済産業大臣の承認が必要となる。

よ

要求払（ようきゅうばらい）→請求払、PAY ON APPLICATION

用船契約船荷証券（ようせんけいやくふなにしょうけん、CHARTER PARTY BILL OF LADING）

船舶の所有者が船舶の全部または一部を用船者に賃貸して、貨物を運送する用船契約に基づいて発行される船荷証券。信用状統一規則（UCP600）では、22条

に受理要件が規定されている。
ヨーロピアン・オプション（EUROPEAN OPTION）

　通貨オプションの権利行使日が受渡期日の2営業日前に限られるものを、ヨーロピアン・オプションという。権利行使日に権利行使することを選択すると、オプション契約は行使価格を締結相場とする先物為替予約に切り替わることになる。→アメリカン・オプション

ヨーロピアンタイプ（EUROREAN TYPE）

　あらかじめ定めた日だけオプションの買手が権利行使できること。→ヨーロピアン・オプション、アメリカンタイプ、アメリカン・オプション

ら

ライボー（LIBOR：LONDON INTER-BANK OFFERED RATE）

　ロンドンにおける銀行間出し手レートのこと。優良銀行が他の優良銀行へ一定期間ユーロ資金を申し込むときの預金レートが出し手レートである。通常、出し手レートと取り手レート（LIBID）の間には、8分の1％の開きがあり、両者の中間に当たるレートをLIMEANと呼ぶ。→タイボー

ライボー不正操作事件（ライボーふせいそうさじけん）

　国際的な金利の基準となっているロンドン銀行間取引金利（LIBOR）で大手金融機関がうその金利を申告し、金利を不正に操作していたことが2012年6月に発覚。英バークレイズ、スイスのUBS、英ロイヤル・バンク・オブ・スコットランド（RBS）、オランダのラボバンクの欧州大手4行が、それぞれ360億～1,300億円の罰金を支払い、逮捕者も出た。

り

リーズ・アンド・ラグズ（LEADS & LAGS）

　リーズは時計の針を進めること、ラグズは針を遅らせることで、為替相場の動向予測に基づき外貨の受取・支払を、契約で許容される範囲内で意識的に早めたり遅らせたりする方法である。リーズとは、たとえば、来週のG7（先進7カ国財務相・中央銀行総裁会議）で米ドル防衛策が合意されて円安／米ドル高へ向かうと予測されるとき、米ドル建債務をもつ輸入企業が、送金に必要な円貨をできるだけ少なくするために、円高のうちに早めに送金を行うといったことをいう。一方、米ドル建債権をもつ輸出企業は、円安／米ドル高になってから米ドルを円に交換するほうが有利なため、たとえば信用状ベースの輸出であれば、ディスクレパンシーにならない範囲で貨物の船積みならびに輸出為替の買取を遅らせようとする等のことをラグズという。

リーマンショック（LEHMAN SHOCK）

　米国発のサブプライムローン問題発生を原因に、2008年9月に全米4位の投資

銀行であったリーマン・ブラザーズが破綻し、その影響が巨大であったことから呼ばれる。これを契機として、米国の大手投資銀行は商業銀行に救済合併される等により、すべて姿を消した。

履行請求期限（りこうせいきゅうきげん）
→保証債務履行請求期限

リコンサイル（RECONCILE）→リコンサイルメント

リコンサイルメント（RECONCILEMENT）
　諸々の外国為替取引に伴って発生した対外的な資金の実際の受払について、預け金勘定を設けているコルレス銀行からの入出金明細書（ステートメント）と、当方で記帳・記録している自己名義預け金勘定の受払とを照合・確認する作業のこと。→預け金勘定、当方勘定、コルレス銀行

リストリクト信用状（リストリクトしんようじょう、RESTRICTED CREDIT）
　船積書類の呈示先（買取銀行）を指定している信用状のこと。この指定銀行以外の銀行が買い取った場合、呈示先として指定された銀行（NOMINATED BANK）を経由して、信用状発行銀行あるいは、補償銀行に引受・支払を請求する。言い換えれば、輸出者の取引銀行がその指定銀行でない場合は、通常、取引銀行で買取後、指定銀行に再買取に呈示し、その指定銀行経由で信用状発行銀行に船積書類を送付するとともに、その銀行を経由して信用状発行銀行あるいは補償銀行に対し引受・支払の請求を行う。
〈RESTRICTED L/Cの表現例〉
・THIS CREDIT IS AVAILABLE WITH ○○○ BANK.
・NEGOTIATION UNDER THIS LETTER OF CREDIT IS RESTRICTED TO ○○○ BANK.

リフティング・チャージ（LIFTING CHARGE）
　外国為替取引にかかわる手数料の一種で、取扱手数料のこと。外貨受払手数料や円貨為替取扱手数料が、これに当たる。通貨の交換を伴わない外国為替取引、たとえば、外貨と外貨または円貨と円貨というように、取引に為替相場が介在しない場合において、銀行が取引金額の一定割合を顧客から徴求するが、これがリフティング・チャージである。→円為替取扱手数料、外貨受払手数料

リフレ　→リフレーション

リフレ政策（リフレせいさく）
　通貨の大量発行でデフレを克服する、またはデフレによって停滞している経済を正常な状態に戻すために、適正なインフレ率への回帰をねらって行われる金融政策。→リフレーション

リフレーション（REFLATION）
　通貨再膨張と訳され、インフレやデフレと同様、リフレと呼ばれる。経済活動が停滞していたところから、回復しつつある状態をいうことが多いが、リフレを目指す政策（リフレ政策）を意味することもある。→リフレ政策

留保金返還保証（りゅうほきんへんかんほしょう、RETENTION BOND）
　長期にわたる工事では、出来高ごとに留保される金額が大きくなる。契約上では、留保金の一部解除を認める場合もあるが、その中途解除を保証するものである。この保証を「留保金返還保証」とい

い、銀行の発行する保証状により対応する。輸出者の契約不履行を防ぐとともに、契約不履行の場合に留保金の返還を保証するものである。

両替（りょうがえ）

銀行等が顧客との間で外国通貨および旅行小切手（トラベラーズ・チェック、T/C：TRAVELER'S CHECK）の売買を行うことを両替または外貨両替という。

領事送り状（りょうじおくりじょう、CONSULAR INVOICE）

領事送り状は、日本からアフリカや中南米等の国に輸出する場合に、輸入国で課税する関税の基準価格となる送り状の金額が不当に低くされるのを防止するため等の理由により、その国の規則によって要求されるものである。輸出国に所在する輸入国の領事が、所定の書類を調査のうえ、インボイスに査証を行い、輸出者に交付する（詳細は、通商産業調査会『各国領事の輸出規則全解』等を参照）。

量的金融緩和（りょうてききんゆうかんわ、QE：QUANTITATIVE EASING）

中央銀行が、市場に供給する資金量を目標として金融緩和を行うこと。中央銀行は、通常、短期金利を誘導目標として金融市場調節を行うが、すでに超低金利策を実施し、政策金利を引き下げる余地がない状況のなかで市場への資金供給をふやす必要がある場合に導入される。→緩和マネー

旅行小切手（りょこうこぎって、T/C：TRAVELER'S CHECK）

海外旅行者が外国で必要とする資金を調達するために使用する小切手。現金携帯の危険を避けるために考案されたものである。

リリースオーダー（RELEASE ORDER）
→貨物引渡指図書

リンバース（REIMBURSE）

もともとは「返済する」「補償する」という意味であるが、外国為替取引では、信用状取引に関連して用いられることが多い。すなわち、資金決済銀行が信用状発行銀行の依頼に基づき為替手形を割り引いた買取銀行の支払資金を補償したり、または信用状発行依頼人が発行銀行の信用状に基づく決済に要した資金を補償することをいう。

リンバース方式（リンバースほうしき）

信用状取引における代表的な資金授受方法の1つである。信用状発行銀行があらかじめ指定した補償銀行（＝資金請求先。発行銀行の預け金勘定がある）で資金の受渡を行う方法。信用状発行銀行は、信用状の記載内容として補償銀行を明示。一方、補償銀行に対しては信用状発行の事実を連絡して、資金請求があった場合の支払を委託する。買取銀行は、船積書類を信用状発行銀行に送付するとともに、資金請求を補償銀行に行う。→レミッタンス方式

れ

レッドクローズ信用状（レッドクローズしんようじょう、RED CLAUSE CREDIT）

信用状の一種であり、前貸信用状また

は輸出前貸信用状とも呼ばれ、輸出貨物の生産・集荷のための資金を前貸する権限を、通知銀行に対して許容した信用状。この前貸を許容する文言が、信用状に赤字で印刷されていることから、レッドクローズ信用状と呼ばれる。ただし、信用状発行銀行にとってはリスクが高いため、ほとんど利用されていないのが現状である。

レミッタンス方式（レミッタンスほうしき）

買取銀行が希望する銀行（そこに買取銀行の預け金勘定がある）で資金の受渡を行う方法であり、信用状取引における代表的な資金授受方法の1つである。この方式の信用状には"UPON RECEIPT OF DOCUMENTS, WE WILL REMIT THE PROCEEDS AS PER YOUR INSTRCTIONS."の趣旨の文言があるので、買取銀行は、船積書類を信用状発行銀行に送付する際、希望する入金銀行を明示する。信用状発行銀行は、指図を受けた入金銀行にある買取銀行の口座に資金を送金することで支払を行う。→リンバース方式

連邦準備制度（れんぽうじゅんびせいど、FEDERAL RESERVE SYSTEM、FRS）→米連邦準備制度、FOMC、FRB

ろ

ロイヤルティー

特許権・商標などの使用料や事業の指導料のこと。→ROYALTY

ローカル信用状（ローカルしんようじょう、LOCAL CREDIT）→ドメスティック信用状

ロンドン市場（ロンドンしじょう）

母国以外の通貨の金融取引で成り立っている市場を、「ユーロ市場」という。ユーロ市場は、各国の規制を回避する形で自然発生的に成立し、特に1970年代以降、重要な役割を果たすようになった。ロンドン外国為替市場は、そうしたユーロ市場の代表的な存在である。米国や日本に比して、経済規模の小さい英国に所在するロンドンが、外為市場として重要な地位を占めているのは、ユーロ市場としての仲介機能の優位性のためといえる。また、規制緩和、長い伝統からくるノウハウの蓄積、外為取引に関する広い意味でのインフラ（貿易実務など）も強みの要因といえる。さらに、監督当局が市場育成に積極的であった事実も見逃せない。結果として、ロンドン市場では、外資系銀行が多数進出し、市場におけるシェアも高く、米ドル、ユーロ、スイスフラン、日本円など自国通貨以外の通貨の取引が高いウェイトを占めるに至っている。また、国際金融市場としても非常に重要な地位を占めている。米ドルの代表的な指標金利としてLIBOR（LONDON INTERBANK OFFERED RATE）があり、これはロンドンの銀行間の預金市場における提示金利（OFFERED RATE）を指し、シンジケートローンをはじめとした国際的ドル取引の基準金利として使われている。英国銀行協会（BBA：BRITISH BANKERS' ASSOCIATION）が毎営業日に公表しており、

自国通貨でない米ドルについても指標を提供しているという事実にも、ユーロ市場の中心としてのロンドン市場の特徴が表れている。

わ

ワシントン条約（ワシントンじょうやく）
　正式には、「絶滅のおそれのある野生動植物の種の国際取引に関する条約」であり、野生動植物の国際取引の規制を輸出国と輸入国とが協力して実施することにより、採取・捕獲を抑制して絶滅のおそれのある野生動植物の保護を図ることを目的とした国際条約である。絶滅のおそれのある動植物の野生種を、希少性に応じて3ランクに分類、これらを条約の附属書にリストアップし、約3万種の動植物を取引制限の対象としている。

割引手形（わりびきてがた）
　商取引に基づいて振り出された約束手形または為替手形の割引をいう。

A

A/A
　ACCEPTANCE ADVICE、引受通知、引受通知書
ABA NO.
　AMERICAN BANKERS ASSOCIATION ROUTING NUMBER、米国銀行協会交換所参加銀行の番号
ABOUT
　約、10％の過不足を許容（UCP600第30条a項）
ABS
　ASSET BACKED SECURITY → 資産担保証券
A/C
　ACCOUNT、口座、勘定
ACC
　ACCEPTANCE、引受、手形引受
ACCEPT
　引受する
ACCEPTABLE
　許容する（ALLOW）
ACCEPTANCE
　引受、手形引受、（申込みに対する）承諾
ACCEPTANCE ADVICE
　引受通知、引受通知書（A/A、ADVICE OF ACCEPTANCE）
ACCEPTANCE CHARGE
　引受手数料（ACCEPTANCE COMMISSION）
ACCEPTANCE COMMISSION
　引受手数料（ACCEPTANCE CHARGE）
ACCEPTANCE CREDIT
　引受信用状、期限付信用状
ACCEPTANCE RATE
　一覧払輸入手形決済相場
ACCOMPANY
　添える、随伴する
ACCOUNT
　口座、勘定
ACCOUNTEE
　買主、信用状発行依頼人
ACH
　AUTOMATED CLEARING HOUSE、米国の資金決済システム
ACKNOWLEDGE
　承認する
ACKNOWLEDGEMENT
　受領確認
ACTUAL
　実際の
ACTUAL POSITION
　現物持高
ADB
　アジア開発銀行
ADDITIONAL CONDITIONS
　追加条件
ADDITIONAL INSTRUCTIONS
　追加指図（文言）
ADVANCE
　前金
ADVANCE PAYMENT
　前払
ADVICE
　通知
ADVICE OF ACCEPTANCE
　引受通知、引受通知書（A/A、AC-

CEPTANCE ADVICE)
ADVICE OF CREDIT
　信用状通知書
ADVICE OF NON-ACCEPTANCE
　引受拒絶通知
ADVICE OF NON-PAYMENT
　支払拒絶通知
ADVICE OF PAYMENT
　支払通知、支払通知書（P/A、PAYMENT ADVICE）
ADVISE
　通知する
ADVISE AND CREDIT
　口座振込、入金払
ADVISE AND PAY
　通知払
ADVISING BANK
　通知銀行（NOTIFYING BANK、UCP600第2条）
ADVISING CHARGE
　通知手数料（ADVISING COMMISSION）
ADVISING COMMISSION
　通知手数料（ADVISING CHARGE）
AFTER
　～後、船積期間のための用語に適用される場合、記載された日を除外（UCP600第3条）
AGAINST
　～に対して、～を条件として、～と引き換えに
AGAINST ALL RISKS
　全危険担保（A/R）
AGENT
　代理人、代理店
AGENT COMMISSION
　代理店手数料
AGGREGATE
　総体の
AGGREGATE AMOUNT
　総額
AGREEMENT
　契約（書）、約定書
AGREEMENT ON BANK TRANSACTIONS
　銀行取引約定書
AIR CARGO
　航空貨物
AIR CARGO RECEIPT
　航空貨物受取書
AIR CRAFT
　航空機
AIRMAIL
　航空郵便
AIRPORT
　空港
AIRPORT OF DEPARTURE
　出発空港
AIRPORT OF DESTINATION
　到着空港
AIR T/R
　AIR TRUST RECEIPT、航空貨物貸渡
AIR TRANSPORT DOCUMENT
　航空運送書類（UCP600第23条）
AIR TRUST RECEIPT
　航空貨物貸渡（AIR T/R）
AIR WAYBILL
　航空貨物運送状（AWB、A/W）
ALLOW
　許容する
ALLOWANCE

許容範囲
ALL RISKS
オール・リスクス、全危険担保
ALTER
変更する
ALTERATION
変更
AMEND
条件変更する
AMENDMENT
条件変更（UCP600第10条）
AMENDMENT CHARGE
条件変更手数料
AMERICAN BANKERS ASSOCIATION ROUTING NUMBER
米国銀行協会交換所参加銀行の番号、米国の銀行識別番号（ABA NO.）
AMERICAN OPTION
アメリカン・オプション、権利行使期間内のいつでも権利行使できるオプション
AMOUNT
金額
AMOUNT CLAIMED
請求金額
AMOUNT COLLECTED
取立金額
AMOUNT INSURED
保険金額
ANALYSIS CERTIFICATE
分析証明書、品質分析証明書
ANNULMENT TERM
無効期間、失効期間、除斥期間
A/P
① AUTHORITY TO PAY、（手形）支払授権書
② AUTHORITY TO PURCHASE、（手形）買取授権書
③ ADDITIONAL PREMIUM、割増保険料
APPLICABLE LAW
準拠法
APPLICABLE RULES
適用規則
APPLICANT
依頼人、発行依頼人、輸入者
APPLICATION
申込書、依頼書
APPLY
依頼する、申請する、適用する
APPROVAL BASIS
アプルーバル扱い、信用状付輸出為替について取立扱いとする方法
APPROXIMATELY
おおよそ、10％の過不足を許容（UCP600第30条a項）
A/R
ALL RISKS、オール・リスクス、全危険担保。全危険担保では、カバーされる危険の種類がいちばん多くなるが、文字どおりすべての危険がカバーされるのではなく、戦争危険（WAR RISKS）やストライキ・暴動・騒乱危険（STRIKES RIOTS AND CIVIL COMMOTIONS RISKS）等については免責されている。これらの危険をカバーするためには、追加の保険料を支払い、約款を追加する。
ARBITRATED RATE
裁定相場　→金利裁定
ARBITRATION
為替の裁定、仲裁　→金利裁定、仲裁機関

ARRANGE
取り決める、準備する
ARRIVAL NOTICE
貨物到着案内、着船通知書、船積書類到着案内　→アライバル・ノーティス
A/S
AT SIGHT、一覧払い
AS ARRANGED
手配どおり
ASEAN
ASSOCIATION OF SOUTH-EAST ASIAN NATIONS、東南アジア諸国連合、インドネシア、マレーシア、フィリピン、シンガポール、タイ、ブルネイ、ベトナム、ラオス、ミャンマー、カンボジアの10カ国からなる東南アジア地域の枠組み。「ASEAN憲法」のもと、経済や安全保障などで各国が協力する。東ティモールとパプアニューギニアが加盟国候補にあがっている。
ASSIGN
譲渡する
ASSIGNMENT
債権譲渡
ASSURED
被保険者
ASSURER
保険者
AT SIGHT
一覧払い、A/S
AT SIGHT BILL
一覧払手形、SIGHT BILL
AT SIGHT BUYING RATE
一覧払手形買相場、信用状付一覧払輸出手形買相場
ATTACH
添付する
ATTORNEY
弁護士
AUTHENTICATION
認証
AUTHORITY
授権書
AUTHORITY TO PAY
手形支払授権書（A/P）
AUTHORITY TO PURCHASE
手形買取授権書（A/P）
AUTHORIZATION
権限、授権書
AUTHORIZE
権限を与える
AUTHORIZED COPY
原本と相違なきことの証明ある写
AUTHORIZED SIGNATURE
正当な権限のある者の署名
AVAIL
利用する
AVAILABLE BY
利用可能な
AVAILABILITY
利用可能性（UCP600第6条）
AVERAGE
海損
AVERAGE CLAUSE
分損担保約款
A/W
AIR WAYBILL、航空貨物運送状
AWB
AIR WAYBILL、航空貨物運送状

B

B/A
BANKERS ACCEPTANCE BILL、銀行引受手形

BACK DATE
起算日付

BACK TO BACK CREDIT
見返信用状

BALANCE
残高

BANKERS ACCEPTANCE BILL
銀行引受手形（B/A）

BANKERS ACCEPTANCE RATE
銀行引受手形の金利 →銀行引受手形

BANK CHECK
銀行小切手（BANKER'S CHECK）、自己宛小切手

BANKER'S CHECK
銀行小切手（BANK CHECK）

BANK GUARANTEE
銀行保証

BANK HOLIDAY
銀行休業日

BANKING DAY
銀行営業日

BANK LOAN
バンクローン、銀行借入金、銀行間借款

BANK NOTE
銀行券

BANKRUPTY
破産

BANK-TO-BANK INSTRUCTIONS
銀行間指図文言

BANK TRANSFER
銀行間資金付替

BARTER TRADE
バーター貿易、2国間で輸出入額を均衡させる取引方法

BASIC RATE
基準相場

BASE RATE
一般運賃率、基準金利

B/B
BILLS BOUGHT、買為替手形

B/C
BILL FOR COLLECTION、代金取立、代金取立手形

BEARER
持参人

BEFORE
〜より前に（UCP600第3条）

BEFORE PERMIT
許可前引取、担保差入れによる輸入許可前の貨物引取（BP）

BEGINNING
初旬、船積月の場合、各月の1日から10日まで（UCP600第3条）

BENEFICIARY
受益者、信用状取引の輸出者（UCP600第2条）、被仕向送金の受取人、ベネ

BENEFICIARY'S CONSENT
受益者の同意、ベネコン

BETWEEN
〜の間に（UCP600第3条）

BIC
BANK IDENTIFIER CODE、銀行識別コード

BID
入札
BID BOND
入札保証
BID RATE
買い値
BILATERAL NETTING
バイラティラル・ネッティング、2当事者間での相殺による決済
BILL
手形、為替手形、紙幣
BILL FOR COLLECTION
代金取立、代金取立手形（B/C）
BILL OF EXCHANGE
為替手形（DRAFT）
BILL OF LADING
船荷証券（B/L）
BILLS BOUGHT
買為替手形（B/B）
BILLS DISCOUNTED
割引手形
BILLS RECEIVABLE
取立為替手形（B/R）
BIN
BANK IDENTIFICATION NUMBER、銀行識別番号
BIS
BANK FOR INTERNATIONAL SETTLEMENTS、国際決済銀行
B/L
BILL OF LADING、船荷証券
BLANK ENDORSEMENT
白地裏書
BOARD
甲板
BOARD OF DIRECTORS
取締役会
BOARD RESOLUTION
取締役会議事録
BOJ
BANK OF JAPAN、日本銀行
BOLERO
BILLS OF LADING ELECTRONIC REGISTRY ORGANIZATION、ボレロ。世界の主要金融機関が参加する銀行間決済サービスを提供するSWIFTと運輸企業で構成するTTCLUBを設立母体とする貿易取引の電子化を推進する組織
BONA FIDE HOLDER
善意の所持人
BOND
ボンド、保証金、保税倉庫
BONDED AREA
保税地域
BONDED MANUFACTURING WAREHOUSE
保税工場
BONDED SHED
保税上屋
BONDED WAREHOUSE
保税倉庫
BOOKING
船腹予約、運送依頼の予約
BORROWER
借り手、貸出先
BORROWING
借入れ
BOUGHT
買い
BP
BEFORE PERMIT、許可前引取
B/R

BILLS RECEIVABLE、取立為替手形
BRANCH
支店
BREACH OF CONTRACT
契約違反、契約不履行
BREAKAGE
破損
BRICS
主要新興5カ国（ブラジル、ロシア、インド、中国、南アフリカ共和国）。経済規模は、世界全体の約20％を占め、2050年までには、米国や日本、ドイツなど先進7カ国（G7）をしのぐとの見方もある。BRICS5カ国内の貿易総額は約3,100億米ドル。世界人口の約40％が集中していることから、巨大な消費市場としても注目されている。
BROKER
保険仲立人
BSB NO.
BANK STATE BRANCH NO.、オーストラリア・ニュージーランドでの銀行識別番号
BULK CARGO
バラ積貨物
BUSINESS DAY
営業日
BUYER
買主、輸入者（IMPORTER）
BUYER'S CREDIT
バイヤーズクレジット、外国の輸入者に対する直接融資
BUYING RATE
買相場（→SELLING RATE）
BY-LAWS
定款、準則

C

C/A
CREDIT ADVICE、入金通知、入金通知書
CABLE
電信、国際電信、電報
CABLE ADDRESS
ケーブル・アドレス、電信宛先の略号
CABLE CHARGE
電信料
CABLE NEGOTIATION
ケーブル・ネゴ、電信による信用状発行銀行への承諾確認後の買取
CAD
CASH AGAINST DOCUMENTS、書類引換現金払
CALENDAR MONTH DELIVERY
暦月渡し
CALL OPTION
コールオプション、一定の価格で買う権利
CANCEL
取り消す
CANCELLATION
組戻し、取消し、解除、解約
CAPITAL
資本
CAPTAIN
船長
CARGO
積荷、船荷、貨物
CARGO INSURANCE

貨物保険
CARGO MARK
荷印（SHIPPING MARK、CASE MARK、MARK）
CARGO RECEIPT
貨物受取証
CARRIAGE
運送、輸送
CARRIAGE AND INSURANCE PAID TO
輸送費保険料込み（CIP、INCOTERMS 2010）
CARRIAGE PAID TO
輸送費込み（CPT、INCOTERMS 2010）
CARRIER
運送人
CARTON
カートン、段ボール箱
CASE MARK
荷印（SHIPPING MARK、CARGO MARK、MARK）
CASH
現金
CASH AGAINST DOCUMENTS
書類引換現金払、書類の引渡を条件とする現金の支払（CAD）
CASH BEFORE DELIVERY
前払（CBD、CASH WITH ORDER）
CASH BUYING RATE
外国通貨買相場
CASH CREDIT
キャッシュ信用状、輸入者があらかじめ寄託した資金を引当に発行される信用状
CASH DISCOUNT
現金割引
CASHIER'S CHECK、CASHIER'S CHEQUE →CHECK
CASH IN ADVANCE
現金による前払
CASH LETTER
キャッシュレター、小切手等の取立／入金を依頼する書類または送付書
CASH LETTER SERVICE
キャッシュレターサービス、外銀等が行う小切手等の取立／入金サービス
CASH MANAGEMENT SERVICE
キャッシュマネージメントサービス、銀行等の資金管理サービス（CMS）
CASH ON ARRIVAL
現金到着時払
CASH ON DELIVERY
現金引換渡し（COD）
CASH ON SHIPMENT
船積時払
CASH PAYMENT
現金払
CASH POSITION
現金持高、手持ち外貨資金の持高
CASH SELLING RATE
外国通貨売相場
CASH WITH ORDER
前払、注文時現金払（CASH BEFORE DELIVERY）
CBD
CASH BEFORE DELIVERY、前払
CD
CERTIFICATE OF DEPOSIT、譲渡性預金
CENTRAL RATE
基準相場、中心相場、仲値（MIDDLE

RATE）→公示仲値
CEO
　CHIEF EXECUTIVE OFFICER、最高経営責任者
CERTIFICATE
　証明書
CERTIFICATE OF ALIEN REGISTRATION
　外国人登録証明書（FOREIGN RESIDENT REGISTRATION CARD）
CERTIFICATE OF ANALYSIS
　分析証明書、品質分析証明書（ANALYSIS CERTIFICATE）
CERTIFICATE OF BALANCE
　残高証明書
CERTIFICATE OF DEPOSIT
　譲渡性預金、預金証書
CERTIFICATE OF HEALTH
　衛生証明書（HEALTH CERTIFICATE）
CERTIFICATE OF INSPECTION
　検査証明書（INSPECTION CERTIFICATE）
CERTIFICATE OF INSURANCE
　保険証明書、保険承認状
CERTIFICATE OF MARINE INSURANCE
　保険承認状（CERTIFICATE OF INSURANCE）
CERTIFICATE OF ORIGIN
　原産地証明書
CERTIFICATE OF QUALITY
　品質証明書
CERTIFICATE OF WEIGHT AND MEASUREMENT
　重量容積証明書
CERTIFICATION
　証明書（CERTIFICATE）
CERTIFIED COPY
　原本と相違なき旨証明のある写
CERTIFY
　証明する
CFO
　CHIEF FINANCIAL OFFICER、最高財務責任者
CFR
　COST AND FREIGHT、運賃込み
CFS
　CONTAINER FREIGHT STATION、コンテナフレイトステーション
CHANGE
　小銭、釣銭
CHANGE OVER
　為替の乗換取引
CHARGES
　請求金額、料金、手数料（COMMISSION）
CHARTER
　用船、傭船　→チャーター
CHARTER PARTY
　用船契約、傭船契約
CHARTER PARTY BILL OF LADING
　用船契約船荷証券、傭船契約船荷証券（UCP600第22条）
CHARTER PARTY CONTRACT
　用船契約書、傭船契約書
CHECK
　小切手
CHECKING
　検査（INSPECTION）
CHECKING ACCOUNT
　当座預金、当座預金勘定（CURRENT

DEPOSIT）
CHIPS
　CLEARING HOUSE INTERBANK PAYMENTS SYSTEM、チップス、ニューヨーク手形交換所が運営する銀行間資金決済システム
CHIT BOOK
　チットブック、書類受渡のための帳簿
CIF
　COST INSURANCE AND FREIGHT、運賃保険料込み
CIO
　CHIEF INFORMATION OFFICER、最高情報責任者
CIP
　CARRIAGE AND INSURANCE PAID TO、輸送費保険料込み
CIRCA
　約、「およそ」を表すラテン語、10％の過不足を許容
CIRCULAR
　回状
CIVIL COMMOTION
　騒乱、暴動
CLAIM
　クレーム、請求、求償
CLAIMING BANK
　補償請求銀行
CLEAN
　瑕疵のない、付属書類が要求されていない、無故障
CLEAN BILL
　クリーンビル、荷落為替手形、書類が添付されない手形
CLEAN B/L
　無故障船荷証券、外観上損傷のない状況で貨物が積まれたことを示す船荷証券
CLEAN CREDIT
　クリーン信用状
CLEAN ON BOARD
　（無故障の）積込済み
CLEAN REIMBURSEMENT
　クリーンリンバース、補償銀行宛の書類なしの求償
CLEAN TRANSPORT DOCUMENT
　無故障運送書類（UCP600第27条）
CLEARING
　手形・小切手の交換
CLIENT
　顧客（CUSTOMER）
CLOSING RATE
　終値
CLS
　CASH LETTER SERVICE、キャッシュ・レター・サービス
CMS
　CASH MANAGEMENT SERVICE、キャッシュ・マネージメント・サービス
C/O
　CERTIFICATE OF ORIGIN、原産地証明書
COD
　CASH ON DELIVERY、現金引換渡
COIN
　硬貨（HARD MONEY）
COLLATERAL
　担保
COLLECT
　運賃の着払、徴収する
COLLECT B/L
　運賃着払船荷証券
COLLECTING BANK

取立銀行（URC522第3条）
COLLECTION
取立（URC522第2条）
COLLECTION CHARGE
取立手数料
COLLECTION INSTRUCTION
取立指図（URC522第4条）
COMBINED B/L
合併船荷証券、複数の港で積み込んだ貨物をまとめた船荷証券
COMBINED DOCUMENTS
複合書類
COMBINED TRANSPORT DOCUMENT
複合運送書類（UCP600第19条）
COMFORT LETTER
念書（LETTER OF COMFORT、LETTER OF AWARENESS）
COMMERCIAL CREDIT
商業信用状
COMMERCIAL DOCUMENTS
商業書類
COMMERCIAL INVOICE
商業送り状（UCP600第18条）
COMMERCIAL REGISTRATION
商業登記
COMMISSION
手数料（CHARGES）
COMMODITY
商品（MERCHANDISE）
COMPLYING PRESENTATION
充足した呈示（UCP600第2条、URDG758第2条）
COMPLYING DEMAND
充足した請求（URDG758第2条）
CONDITION
条件
CONFIRM
確認する
CONFIRMATION
確認（UCP600第2条）、確認書
CONFIRMED CREDIT
確認信用状、信用状発行銀行の依頼によって輸出地の銀行（または信用の高い銀行）が信用状によって振り出された手形の引受・支払をさらに保証する信用状
CONFIRMING BANK
確認銀行（UCP600第2条）
CONFIRMING CHARGES
確認手数料（CONFIRMING COMMISSION）
CONFIRMING COMMISSION
確認手数料（CONFIRMING CHARGES）
CONSENT
同意、承諾
CONSIGNEE
荷受人、受託者
CONSIGNER
荷送人、委託者
CONSIGNMENT
委託、委託販売、交付、引渡
CONSIGNMENT DEAL
委託販売貿易
CONSIGNOR
荷送人、委託者
CONSOLIDATED CARGO
混載貨物、1つのコンテナに2種類以上、2荷主以上の貨物をまとめて積み合わせること
CONSOLIDATION
混載

CONSOLIDATOR
混載業者
CONSULAR FEE
領事査証料
CONSULAR INVOICE
領事送り状、領事査証送り状
CONSUMPTION TAX
消費税
CONTAINER
コンテナ、貨物輸送用容器
CONTAINER B/L
コンテナ船荷証券
CONTAINER FREIGHT STATION
コンテナフレイトステーション（CFS）
CONTAINER HANDLING CHARGE
コンテナ取扱手数料
CONTAINER SHIP
コンテナ船（CONTAINER VESSEL）
CONTAINER VESSEL
コンテナ船（CONTAINER SHIP）
CONTAINER YARD
コンテナヤード（CY）
CONTINUOUS LINKED SETTLE-MENT
多通貨同時決済システム、外国為替決済の時差によるリスクを回避するために、加盟銀行の通貨の売渡／買受けの決済を決められた時間帯に集中して行う決済方法（CLS）
CONTRACT
契約、契約書
CONTRACT NOTE
売買契約書（SALES CONTRACT）
CONTRACT SLIP
予約スリップ、先物予約の締結票
CONTROL
制限（する）、管理（する）
CONVENTIONAL VESSEL
在来船
CONVERSION RATE
換算相場
CONVERTIBLE
交換可能な
CONVEYANCE
輸送、輸送機関、輸送用具
COO
CHIEF OPERATING OFFICER、最高執行責任者
COPY
写
CORRECTION
訂正
CORRESPONDENT
コルレス先
CORRESPONDENT ARRANGEMENT
コルレス契約
CORRESPONDENT BANK
コルレス銀行
COST
費用
COST AND FREIGHT
運賃込み（CFR、INCOTERMS2010）
COST INSURANCE AND FREIGHT
運賃保険料込み（CIF、INCOTERMS2010）
COUNTER CREDIT
見返り信用状（BACK TO BACK CREDIT)
COUNTER-GUARANTEE
見返り保証、裏保証
COUNTER GUARANTOR
裏保証人

COUNTER OFFER
カウンターオファー、反対申込み、対抗案、代案の提起

COUNTER PARTY
取引の相手方

COUNTERSIGN
カウンターサイン、副署、契約相手先の署名

COUNTRY OF ORIGIN
原産地、原産国

COUNTRY RISK
カントリーリスク。政策変更、政治社会経済環境等の変化により資金の回収が不能になるその国固有の事情に基づくリスク

COURIER
クーリエ、国際宅配便、宅配運送（業務）（COURIER SERVICE）

COURIER CHARGE
国際宅配料金

COURIER SERVICE
クーリエ、国際宅配便、宅配運送（業務）（COURIER）

COURIER'S RECEIPT
国際クーリエ受領書、宅配便の受取書（UCP600第25条）

COVENANTS
コベナンツ、契約書に規定された一定の制限条項または誓約条項

COVERING LETTER
送り状、書類送付書

COVER INSTRUCTIONS
送り状、書類送付書

COVER PAYMENT
カバー支払、支払銀行への原資の送金支払

CP
① CHARTER PARTY、用船契約、傭船契約
② COMMERCIAL PAPER、コマーシャルペーパー、企業により発行される無担保約束手形

CPT
CARRIAGE PAID TO、輸送費込み

CREDIT
信用状（L/C、LETTER OF CREDIT、UCP600第2条）、債権、信用供与、貸記する、入金する

CREDIT ADVICE
入金通知、入金通知書（C/A）

CREDIT FACILITY
信用供与枠

CREDIT INFORMATION
信用情報、取引証明書

CREDIT INQUIRY
信用調査

CREDIT LINE
与信枠、信用供与する融資額

CREDITOR
債権者

CREDIT RISK
信用リスク

CROSS RATE
クロス・レート、米ドルと米ドル以外の他通貨間の交換レート

CUMULATIVE
回転信用状累積の

CUMULATIVE DEPOSIT ACCUNT
積立預金

CURRENCY
通貨

CURRENCY OPTION

通貨オプション
CURRENCY SWAP
通貨スワップ
CURRENT
経常的な、当面の
CURRENT ACCOUNT
当座預金、当座預金勘定（CURRENT DEPOSIT、CHECKING ACCOUNT）
CURRENT DEPOSIT
当座預金、当座預金勘定（CURRENT ACCOUNT）
CUSTOM
税関
CUSTOMER
顧客（CLIENT）
CUSTOMER IDENTIFICATION
（顧客の）本人確認
CUSTOMER'S RATE
対顧客相場（→INTER-BANK RATE）
CUSTOMER TRANSFER
顧客送金
CUSTOMHOUSE
税関（CUSTOMS）
CUSTOMS AGENT
通関業者（CUSTOMS BROKER）
CUSTOMS BROKER
通関業者（CUSTOMS AGENT）
CUSTOMS CLEARANCE
通関
CUSTOMS DUTY
関税（DUTY、DUTIES、TARIFF）
CUSTOMS INVOICE
税関送り状
CUT OFF TIME
カット・オフ・タイム、当日処理の締切時刻

CY
CONTAINER YARD、コンテナヤード

D

D/A
① DOCUMENTS AGAINST ACCEPTANCE、引受渡
② DEBIT ADVICE、支払通知書、引落通知書
③ DRAWING ADVICE、送金小切手発行通知
④ DEBIT AUTHORIZATION、引落指示書
DAP
DELIVERED AT PLACE、仕向地持込渡し（条件）
DAT
DELIVERED AT TERMINAL、ターミナル持込渡し（条件）
DATE
日付
D/D
① DEMAND DRAFT、送金小切手、要求払手形
② DIRECT DEALING、ダイレクトディール、直接取引
DDP
DELIVERED DUTY PAID、関税込持込渡し
DEALER
ディーラー、外国為替の売買を専門的

に行う人
DEBIT
　借記する
DEBIT ADVICE
　支払通知書、引落通知書
DEBIT AUTHORIZATION
　引落指示書（D/A）
DEBIT NOTE
　保険料請求書
DEBTOR
　債務者
DECLARATION
　宣言書、申告、通知書、告知書
DECREASE
　減額
DEED
　証書
DEFAULT
　債務不履行
DEFERRED PAYMENT
　後払、後日支払
DEFLATION
　→デフレーション
DELAYED INTEREST
　遅延利息（OVERDUE INTEREST）
DELAYED SHIPMENT
　船積遅延（LATE SHIPMENT）
DELETE
　削除する
DELIVERED AT PLACE
　仕向地持込渡し（DAP、INCOTERMS2010）
DELIVERED AT TERMINAL
　ターミナル持込渡し（DAT、INCOTERMS2010）
DELIVERED DUTY PAID
　関税込持込渡し（DDP、INCOTERMS2010）
DELIVERY
　為替予約の受渡、引渡
DELIVERY DATE
　為替予約の受渡期日
DEMAND
　請求（URDG758第2条）
DEMAND DRAFT
　送金小切手（D/D、REMITTANCE CHECK）、要求払手形
DEMAND GUARANTEE
　請求払保証（状）（URDG758第2条）
DENOMINATION
　金種、券種、額面金額、貨幣単位、呼称変更
DEPOSIT
　預金、保証金
DEPOSIT AT NOTICE
　通知預金
DEPOSIT FOR PREPARATION OF TAX
　納税準備預金
DEPOSIT MONEY
　供託金
DEPOSITOR
　預金者
DEPOSITORY CORRESPONDENT
　デポコルレス先、預け金のあるコルレス先
DERIVATIVES
　金融派生商品
DESCRIPTION
　商品の表示
DESTINATION
　仕向地（PLACE OF DESTINATION）

D/G
　DEMAND GUARANTEE、請求払保証（状）
DIRECT DEALING
　ダイレクトディール、為替予約の直接取引（D/D）
DIRECTOR
　取締役
DIRTY B/L
　故障付船荷証券、貨物に損傷がある場合に発行される船荷証券（FOUL B/L, UNCLEAN B/L）
DISCHARGE
　荷卸、陸揚げ
DISCOUNT
　手形等の割引、先安
DISCOUNT CHARGE
　割引手数料
DISCREPANCY
　ディスクレ、信用状条件との不一致
DISCREPANCY FEE
　ディスクレ手数料
DISCREPANT DOCUMENT
　ディスクレのある書類（UCP600第16条）
DISHONOR、DISHONOUR
　不渡（UNPAID）
DISHONORED BILL
　不渡手形（UNPAID BILL）
DISPATCH
　発送、発信
DOCK RECEIPT
　ドックレシート、貨物受取書
DOCUMENTARY BILL
　荷為替手形
DOCUMENTARY COLLECTION
　書類付取立（URC522第2条）
DOCUMENTARY CREDIT
　荷為替信用状
DOCUMENTATION
　書類作成
DOCUMENTS
　書類、文書
DOCUMENTS CHECK
　書類点検
DOCUMENTS AGAINST ACCEPTANCE
　引受渡（D/A、DOCUMENTS AGAINST PAYMENT、URC522第7条）
DOCUMENTS AGAINST PAYMENT
　支払渡（D/P、DOCUMENTS AGAINST ACCEPTANCE、URC522第7条）
DOMESTIC CREDIT
　国内信用状（LOCAL CREDIT）
DOWN PAYMENT
　頭金（INITIAL PAYMENT）
D/P
　DOCUMENTS AGAINST PAYMENT、支払渡
DR
　DEPOSITORY RECEIPT、預託証書
DRAFT
　手形、為替手形（BILL OF EXCHANGE）、原稿・素案・ドラフト、起案する
DRAW
　振り出す
DRAWEE
　支払人、名宛人
DRAWER
　振出人
DRAWING

使用、振出し
DRAWING ADVICE
送金小切手発行通知（ADVICE OF DRAWING）
DRAWING SLIP
払戻請求書
DUE
満期になる
DUE DATE
満期日、支払期日（MATURITY DATE）
DUPLICATE
副本、2通
DUTY、DUTIES
関税（CUSTOMS DUTY、TARIFF）

E

EARLY SHIPMENT
早期船積み
EB
ELECTRONIC BANKING、エレクトロニック・バンキング
ECB
EUROPEAN CENTRAL BANK、欧州中央銀行
E/D
EXPORT DECLARATION、輸出申告（書）
EFFECTIVE
有効な
EFFECTIVE DATE
効力発生日
ELECTRONIC BANKING
エレクトロニック・バンキング（EB）
E/L
EXPORT LICENSE、輸出承認（証）
END
下旬、船積月の場合、各月の21日から月末まで
ENDORSEMENT
裏書、追約書
ENDORSER
裏書人
E/P
EXPORT PERMIT、輸出許可（書）
EPA
ECONOMIC PARTNERSHIP AGREEMENT、経済連携協定
EQUIVALENT
相当額、等価、代り金
E/R
EXPORT REPORT、輸出報告（書）
ESCROW
条件付捺印証書、条件を満たし、効力が発生するまで第三者に預託管理する条件付証書
ESCROW ACCOUNT
エスクロウ勘定、条件を満たし、効力が発生するまで預けておく第三者が管理する預金勘定
ESCROW CREDIT
エスクロウ信用状、寄託信用状
ESTABLISHING BANK
発行銀行、開設銀行（ISSUING BANK、OPENING BANK）
EU
EUROPEAN UNION、欧州連合
EUROPEAN OPTION
ヨーロピアン・オプション、行使期日

のみ権利行使できるオプション
EURO YEN
ユーロ円
EURO-YEN LOAN
ユーロ円貸付
EVIDENCE
証拠、証憑書類
EXAMINE
点検する、検査する
EXCEED
超過する
EXCHANGE
為替
EXCHANGE CONTRACT
為替予約（＝FOREIGN EXCHANGE CONTRACT）
EXCHANGE CONTROL
為替管理
EXCHANGE DEALER
為替ディーラー
EXCHANGE POSITION
為替持高
EXCHANGE QUOTATIONS
為替相場表
EXCHANGE RATE
為替相場、換算相場
EXCHANGE RISK
為替リスク
EXECUTE
（為替予約を）実行する
EXHAUST
使い果たす
EXPENSE
費用
EXPIRE
期限が満了する
EXPIRATION DATE
期日、有効期限（EXPIRY DATE）
EXPIRY
期日、満期（日）、期日到来日
EXPIRY DATE
期日、有効期限（EXPIRATION DATE、VALIDITY、UCP600第6条、第29条）、期限到来日（URDG758第2条）
EXPORT
輸出
EXPORT ADVANCE
輸出前貸
EXPORT BILL
輸出手形、輸出荷為替手形
EXPORT CREDIT
輸出信用状
EXPORT DECLARATION
輸出申告（書）
EXPORTER
輸出者
EXPORT FINANCE
輸出金融
EXPORTING COUNTRY
輸出国
EXPORT INSURANCE
輸出保険
EXPORT LICENSE
輸出承認（証）（E/L）
EXPORT PERMIT
輸出許可（書）（E/P）
EXPORT REPORT
輸出報告（書）（E/R）
EXTEND
期限を延長する
EXTENSION

期限の延長
EXW
　EX WORKS、工場渡
EX WORKS
　工場渡（EXW、INCOTERMS2010）

F

FACILITY
　与信枠、融資枠
FACSIMILE
　ファクシミリ
FACT FINDING
　実態把握
FACTORING
　ファクタリング、債権の買取業務
FAILURE
　不履行、破産
FAS
　FREE ALONGSIDE SHIP、船側渡し
FAVOR
　IN FAVOR OF、〜を受益者として
FATF
　FINANCIAL ACTION TASK FORCE ON MONEY LAUNDERING、資金洗浄に関する金融活動作業部会、マネー・ローンダリングを規制するための政府間機関
FCA
　FREE CARRIER、運送人渡し
FEASIBILITY
　事業の実現可能性、計画の実行可能性
FEDERAL FUNDS
　フェデラル・ファンド、米国連邦準備銀行に預入された米ドル（FF）
FEDERAL RESERVE BOARD
　米国連邦準備制度理事会（FRB）
FED WIRE
　FEDERAL RESERVE'S WIRE TRANSFER SYSTEM、米国連邦準備通信システム
FEDWIRE ROUTING NUMBER
　米国連邦準備通信システム経路指定番号、米国のFED WIREを利用する際の銀行識別番号
FEE
　料金、手数料
FF
　FEDERAL FUNDS、フェデラル・ファンド
FIATA
　INTERNATIONAL FEDERATION OF FREIGHT FORWARDERS ASSOCIATIONS、国際貨物輸送者協会連合会、国際フレート・フォワーダーズ協会連合。書式や輸送約款の標準化等、貨物輸送業者協会の相互協力と利益の擁護を目的とする非政府機関
FINAL DESTINATION
　最終仕向地
FINAL PAYMENT
　最終決済
FINANCE
　金融
FINANCIAL DOCUMENTS
　金融書類
FINANCIAL INSTITUTION
　金融機関
FIRE

火災
FIRM OFFER
　ファームオファー、確定申込み
FIRST BENEFICIARY
　譲渡可能信用状の原受益者
FIRST HALF
　前半、船積月の場合、各月の1日から15日まで（UCP600第3条）
FIRST PRESENTATION UNPAID
　ファースト・プレゼンテーション・アンペイド、発行銀行の判断でディスクレ付書類の引取拒絶の通告を行うこと
FISICAL CLIFF
　財政の崖
FIU
　FINANCIAL INTELLIGENCE UNIT、資金情報機関、マネー・ローンダリング情報を専門に収集・分析・提供する機関
FIXED DATE DELIVERY
　確定日渡し
FIXED DEPOSIT
　定期預金（TIME DEPOSIT）
FIXED EXCHANGE RATE
　固定為替相場
FIXED INTEREST RATE
　固定金利
FLAG
　船籍
FLAT
　等しい（直先フラット）
FLOATING EXCHANGE RATE
　変動為替相場
FLOATING INTEREST RATE
　変動金利
FOB
　FREE ON BOARD、本船渡し
FOMC
　FEDERAL OPEN MARKET COMMITTEE、米連邦公開市場委員会
FORCE MAJEURE
　不可抗力（UCP600第36条）
FOREIGN CASH
　外国通貨
FOREIGN CURRENCY
　外貨
FOREIGN CURRENCY DEPOSIT
　外貨預金
FOREIGN EXCHANGE
　外国為替（FOREX）
FOREIGN EXCHANGE AND FOREIGN TRADE LAW
　外国為替及び外国貿易法
FOREIGN EXCHANGE MARKET
　外国為替市場
FOREIGN EXCHANGE POSITION
　外国為替持高
FOREIGN EXCHANGE QUOTATIONS
　外国為替相場表
FOREIGN EXCHANGE YEN SETTLEMENT SYSTEM
　外国為替円決済制度
FOREIGN RESIDENT REGISTRATION CARD
　外国人登録証明書（CERTIFICATE OF ALIEN REGISTRATION）
FOREIGN TRADE
　外国貿易
FOREX
　FOREIGN EXCHANGE、外国為替
FORGED CHECK
　偽造小切手

FORGED NOTE
偽造紙幣

FORFAITING
フォーフェイティング、買戻請求権なしの輸出債権の買取

FORWARD
先物

FORWARDER
貨物運送取扱業者

FORWARD EXCHANGE
先物為替

FORWARD EXCHANGE CONTRACT
先物為替予約、為替予約

FORWARD EXCHANGE RATE
先物為替相場

FORWARD POSITION
先物持高

FORWARD RATE
先物相場

FOUL B/L
故障付船荷証券、貨物に損傷がある場合に発行される船荷証券（DIRTY B/L、UNCLEAN B/L）

FPA
FREE FROM PARTICULAR AVERAGE、分損不担保。沈没、座礁、大火災等の特定の単独海損に対しては保険金が支払われるが、その他の単独海損に対して保険金は支払われない（FREE FROMの意味は「免責」）。

FRB
FEDERAL RESERVE BOARD、米連邦準備制度理事会

FREE ALONGSIDE SHIP
船側渡し（FAS、INCOTERMS2010）

FREE CARRIER
運送人渡し（条件）（FCA、INCOTERMS2010）

FREE FROM PARTICULAR AVERAGE
分損不担保（FPA）

FREE OF CHARGE
ただ、無料、無償

FREE OFFER
フリーオファー、不確定申込み、申出で内容がその後の状況次第で変更される可能性がある申出／条件

FREE OF PAYMENT
無条件渡し

FREE ON BOARD
本船渡し（FOB、INCOTERMS2010）

FREE TRADE AGREEMENT
自由貿易協定（FTA）

FREE TRADE ZONE
自由貿易地域（FTZ）

FREIGHT
運賃 →フレート

FREIGHT COLLECT
運賃着払

FREIGHT FORWARDER
フレイトフォワーダー、運送取次業者、海貨業者

FREIGHT INSURANCE
運賃保険

FREIGHT PAYABLE
運賃未払

FREIGHT PREPAID
運賃前払

FREIGHT USANCE
運賃ユーザンス →フレート・ユーザンス

FROM
〜から、船積日・期間の場合、記載さ

れた日を含む（UCP600第3条）
FRS
　FEDERAL RESERVE SYSTEM、米連邦準備制度
FSA
　FINANCIAL SERVICE AGENCY、金融庁
FTA
　FREE TRADE AGREEMENT、自由貿易協定
FTZ
　FREE TRADE ZONE、自由貿易地域
FULL AMOUNT
　全額
FULL SET
　全通
FUNDS
　資金
FUNDS TRANSFER
　資金送金、資金移動
FX
　外国為替証拠金取引、外国為替

G

GATT
　GENERAL AGREEMENT ON TARIFFS AND TRADE、関税および貿易に関する一般協定
GDP
　GROSS DOMESTIC PRODUCT、国内総生産、一定期間内に1国で新たに生産された生産物を合計したもので、GNPとともに経済活動の規模を貨幣価値で表した指標の1つ。GDPは生産者や労働者がその国の国民か否かにかかわらず、その国の領土内で生産された財やサービスの価値額を計上したもので、現在では先進国の多くでGNPよりも重要な指標として使用されている。
GENERAL AVERAGE
　共同海損
GENERAL COLLATERAL
　根担保
GENERALIZED SYSTEM OF PREFERENCES
　一般特恵関税制度
GENERAL MANAGER
　総支配人、総括管理者、支店長、部長
GENERAL MERCHANDISE
　雑貨
GENERAL TARIFF
　一般税率
GENERAL TERMS AND CONDITIONS
　一般取引条件
GLOBALIZATION
　→グローバル化
GNP
　GROSS NATIONAL PRODUCT →国民総生産
GOODS
　物品
GOVERNING CLAUSE
　準拠法約款
GOVERNING LAW
　準拠法
GRACE
　猶予

GRACE

GRACE DAY
決済猶予期間

GRADE
等級

GROSS WEIGHT
総重量

GSP
GENERALIZED SYSTEM OF PREFERENCES、一般特恵関税制度

G.S.P.: FORM A
GENERALIZED SYSTEM OF PREFERENCES CERTIFICATE OF ORIGIN　→特恵原産地証明書

GUARANTEE
保証する、補償する

GUARANTEE
保証、保証書（URDG758第2条）

GUARANTY AGREEMENT
保証約定書

GUARANTOR
保証人（URDG758第2条）

G 5（ジーファイブ）
日本、米国、英国、ドイツ、フランスの5つの主要先進国の略称。「グループ・オブ・ファイブ（GROUP OF FIVE）」の略。転じて、先進5カ国財務大臣・中央銀行総裁会議のこと。1975年の主要国首脳会議（サミット）発足当初の参加国のうち、上記の5カ国の財務大臣と中央銀行総裁が参加。1986年からイタリアとカナダが加わりG7に拡大。→新G 5、G 7、G 8、G 20

G 7（ジーセブン）
主要7カ国、すなわち、日本、米国、英国、ドイツ、フランス、イタリア、カナダからなるグループ「グループ・オブ・セブン（GROUP OF SEVEN）」（7カ国の集まり）の略。→G 5、G 8、G 20、新G 5

G 8（ジーエイト）
主要8カ国、すなわちG 7にロシアが加わるグループ。「グループ・オブ・エイト（GROUP OF EIGHT）」の略。→G 5、G 7、G 20、新G 5

G 20（ジートウェンティ）
G 8、欧州連合、新興経済国11カ国の計20カ国・地域からなるグループ。「グループ・オブ・トウェンティ（GROUP OF TWENTY）」の略。→G 5、G 7、G 8、新G 5

H

HANDLING CHARGE
取扱手数料（HANDLING FEE、HANDLING COMMISSION）

HANDLING COMMISSION
取扱手数料（HANDLING CHARGE、HANDLING FEE）

HANDLING FEE
取扱手数料（HANDLING CHARGE、HANDLING COMMISSION）

HARD MONEY
硬貨、交換可能な通貨

HEAD OFFICE
本店

HEALTH CERTIFICATE
衛生証明書、輸出国動物検疫機関が発行する検査証明書で家畜の伝染性疾病の

病原体の伝染・拡散のおそれがないことを証明するもの（CERTIFICATE OF HEALTH, SANITARY CERTIFICATE）

HEDGE
対処、ヘッジ

HISTORICAL RATE ROLLOVER
原予約相場による為替予約の延長、過去に約定した相場をそのまま使用し、為替予約期日を延長することにより損失、利益を先に伸ばすこと　→HRR

HOLD
保管する、保留する

HOLDER
所持人

HOLDING COMPANY
持株会社

HOME CURRENCY
邦貨

HONOUR
オナーする。手形を引き受け、支払う（UCP600第2条）。

HOT MONEY
国際金融市場を動き回る短期資金。資金の流動性が高いことが特徴で、各国の金利差や為替相場の変動を利用して、投機的な利益を得ようとする場合と投資先国の通貨不安をきらって行われる資本逃避の2つがある。ユーロダラーが典型的なホットマネーの性格をもつ。また、国際金融市場に限らず儲け口を求めて国内市場を動き回る投機的な短期資金もホットマネーと呼ぶ。

HOUSE AIR WAYBILL
ハウス・エア・ウェイビル、混載航空貨物運送状、混載業者が混載貨物の荷主宛発行する航空貨物運送状

HOUSE BILL
ハウスビル、本支店または子会社との間の代金決済のために振出された外国為替手形

HRR
HISTORICAL RATE ROLLOVER、原予約相場による為替予約の延長、為替予約の延長については、含み差損の先送りとなる懸念があるなど問題があることから、原則不可。

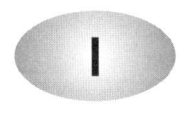

I

IATA
INTERNATIONAL AIR TRANSPORT ASSOCIATION、国際航空運送協会

I/B
IMPORT BILL、輸入手形、輸入荷為替手形

IBAN
INTERNATIONAL BANK ACCOUNT NUMBER、国際銀行勘定番号

ICC
① INTERNATIONAL CHAMBER OF COMMERCE、国際商業会議所
② INSTITUTE CARGO CLAUSES、協会貨物約款

I/D
IMPORT DECLARATION、輸入申告（書）

I/L

IMPORT LICENSE、輸入承認（証）

IMF
　INTERNATIONAL MONETARY FUND、国際通貨基金。ブレトン・ウッズ協定に基づき、国際間の為替、短期金融問題を調整指導するため設けられた国際的機構。加盟国は一定の割当に応じ金および自国通貨を出し合いプールして置き、必要とする場合この基金より金または自国通貨を代償として所要外貨を買うことができる。この反面、加盟国は基金の承認がなければ自国の為替相場の基礎となる自国通貨の平価の変更、差別的な通貨措置（複数為替相場を設けることなど）、経常的国際取引のための支払または振替えの制限等もなすことができぬこととし、もって国際為替取引の混乱を防ぎ、さらに現行のいろいろな制限、差別待遇を撤廃して、自由にして安定した為替関係を樹立しようとすることをねらいとする。

IMPACT LOAN
　インパクトローン、資金使途が限定されない貸付

IMPORT
　輸入

IMPORT BILL
　輸入手形、輸入荷為替手形（I/B）

IMPORT CREDIT
　輸入信用状

IMPORT DECLARATION
　輸入申告（書）（I/D）

IMPORTER
　輸入者

IMPORT FINANCE
　輸入金融

IMPORT LICENSE
　輸入承認（証）（I/L）

IMPORT PERMIT
　輸入許可（書）

IMPORT QUOTA
　輸入割当て（IQ）

IMPORT USANCE
　輸入ユーザンス

IMPROVEMENT TRADE
　加工貿易

INCOTERMS
　インコタームズ、貿易取引条件の解釈に関し適用する国際規則

INCOTERMS 2010
　2010年インコタームズ規則、2011年1月から発効した規則で、11の貿易取引条件における当事者の義務を規定

INCREASE
　増額

INDEMNITY
　補償、違約金

INDICATION
　インディケーション、気配値

INFLATION
　→インフレーション

INITIAL PAYMENT
　頭金

INQUIRY
　引合い、問合せ、照会

INSPECTION
　検査（CHECKING）

INSPECTION CERTIFICATE
　検査証明書（CERTIFICATE OF INSPECTION）

INSTALMENT PAYMENT
　分割払

INSTITUTE
協会
INSTITUTE CARGO CLAUSES
協会貨物約款、貨物保険においてロンドン保険業者協会が定めた代表的な保険条件のこと（ICC）
INSTITUTE STRIKES CLAUSES (CARGO)
協会ストライキ約款、ストライキに伴う貨物の事故を補償する約款
INSTITUTE STRIKES RIOTS AND CIVIL COMMOTIONS CLAUSES
協会同盟罷業（ストライキ）・暴動・騒乱担保約款、ストライキ、労働者騒動、一揆暴動にかかわる窃盗・破壊行為等による損失をてん補する約款（SRCC CLAUSES）
INSTITUTE THEFT, PILFERAGE AND NON-DELIVERY CLAUSES
協会盗難・抜荷・不着担保約款、盗難・抜荷・不着事故を担保する保険条件
INSTITUTE WAR CLAUSES
協会戦争約款、協会戦争危険担保約款
INSTRUCTION
指図
INSUFFICENT FUND
資金不足、残高不足
INSURANCE
保険
INSURANCE CERTIFICATE
保険承認状、保険証明書（UCP600第28条）
INSURANCE CLAIM
保険金支払請求、保険請求
INSURANCE COVERAGE
保険担保範囲（UCP600第28条）
INSURANCE DOCUMENT
保険書類（UCP600第28条）
INSURANCE POLICY
保険証券（I/P、UCP600第28条）
INSURANCE PREMIUM
保険料
INSURE
保険を掛ける
INSURED
被保険者（ASSURED）
INSURED AMOUNT
保険金額
INSURED PARTY
被保険者（INSURED、ASSURED）
INSURED VALUE
保険価額
INSURER
保険者（ASSURER）
INTEGRATED ACCOUNT
総合口座
INTENDED
予定された
INTENDED VESSEL
積込予定船舶
INTER BANK
銀行相互間
INTER-BANK RATE
インターバンク・レート、銀行間相場
INTEREST
利息
INTEREST AMOUNT
利息金額
INTEREST CLAUSE
利息文言
INTEREST RATE
利率、金利

INTEREST SWAP
　金利スワップ
INTERMEDIARY
　外国送金の中継機関
INTERMEDIARY BANK
　中継銀行
INTERMEDIARY TRADE
　仲介貿易（MERCHANTING TRADE）
INTERNATIONAL AIR TRANSPORTATION ASSOCIATION
　国際航空運送協会（IATA）
INTERNATIONAL BANK ACCOUNT NUMBER
　国際銀行勘定番号、アイバン、欧州の銀行口座番号体系（IBAN）
INTERNATIONAL CHAMBER OF COMMERCE
　国際商業会議所（ICC）
INTERNATIONAL FACTORING
　国際ファクタリング
INTERNATIONAL STANDARD BANKING PRACTICE
　国際標準銀行実務（UCP600第14条D項）
INTERNATIONAL STANDARD BANKING PRACTICE
　荷為替信用状に基づく書類点検に関する国際標準銀行実務（ISBP）
INTERNATIONAL STAND-BY PRACTICES
　国際スタンドバイ規則、スタンドバイ信用状統一規則（ISP98）
INVESTMENT
　投資
INVISIBLE TRADE
　貿易外収支
INVOICE
　商業送り状
INVOICE DISCOUNT
　インボイスディスカウント、後払送金方式の輸出債権の買取
INWARD BILL FOR COLLECTION
　被仕向取立手形
INWARD REMITTANCE
　被仕向送金
I/P
　① INSURANCE POLICY、保険証券
　② IMPORT PERMIT、輸入許可（書）
IQ
　IMPORT QUOTA、輸入割当て →輸入割当品目
IRREVOCABLE
　取消不能の
IRREVOCABLE CREDIT
　取消不能信用状
ISBP
　INTERNATIONAL STANDARD BANKING PRACTICE、国際標準銀行実務、荷為替信用状に基づく書類点検に関する国際標準銀行実務　→ISBP681
ISBP681
　INTERNATIONAL STANDARD BANKING PRACTICE 2007改訂版
ISO
　INTERNATIONAL STANDARDIZATION ORGANIZATION、国際標準化機構
ISP98
　INTERNATIONAL STAND-BY PRACTICES、1998年国際スタンドバイ規則、スタンドバイ信用状統一規則
ISSUE

発行する
ISSUER
発行者
ISSUING BANK
発行銀行、開設銀行（OPENING BANK、ESTABLISHING BANK、UCP600第2条）
ISSUING DATE
発行日

連帯保証
JOINT VENTURE
合弁事業（JV）
JOM
JAPAN OFFSHORE MARKET、本邦（東京）オフショア市場
JV
JOINT VENTURE、合弁事業

J

JAPAN OFFSHORE MARKET
本邦オフショア市場、東京オフショア市場（JOM）
JASTPRO
JAPAN ASSOCIATION FOR SIMPLIFICATION OF INTERNATIONAL TRADE PROCEDURES、一般財団法人日本貿易手続簡素化協会
JBIC
JAPAN BANK FOR INTERNATIONAL COOPERATION、株式会社国際協力銀行、ジェイビック
JETRO
JAPAN EXTERNAL TRADE ORGANIZATION、独立行政法人日本貿易振興機構、ジェトロ
JOINT AND SEVERAL
連帯保証
JOINT GENERAL MANAGER
副支店長、副部長
JOINT GUARANTEE

K

KNOCK-IN OPTION
権利発生型オプション
KNOCK-OUT OPTION
権利消滅型オプション、停止条件付オプション

L

L/A
LOAN AGREEMENT、金銭消費貸借契約証書
LAND
陸揚げする
LAST DAY FOR PRESENTATION
最終呈示日（UCP600第29条）
LATE PRESENTATION
書類の呈示遅延
LATE SHIPMENT
船積遅延（DELAYED SHIPMENT）

LATEST DATE OF SHIPMENT
船積期限
L/C
LETTER OF CREDIT、信用状
LEAD AND LAGS
リーズ・アンド・ラグズ、為替相場の変動リスクを回避するため、決済時期を早めたり遅らせたりする方法
LENDER
貸し手
LENDING
貸出（LOAN）
LETTER
書信
LETTER OF AWARENESS
念書（LETTER OF COMFORT、COMFORT LETTER）
LETTER OF COMFORT
念書（COMFORT LETTER、LETTER OF AWARENESS）
LETTER OF CREDIT
信用状（L/C、CREDIT）
LETTER OF GUARANTEE
保証状、補償状、荷物引取保証（L/G）
LETTER OF INDEMNITY
補償状
LETTER OF UNDERTAKING
確約書、念書
L/G
LETTER OF GUARANTEE
① 保証状、補償状
② 荷物引取保証
L/G NEGOTIATION (L/G NEGO)
買取のために呈示された輸出書類に信用状条件との不一致が発生したとき、その不一致が軽微で買取依頼人に信用がある場合に買取依頼人からの保証状（L/G）の差入れにより買取に応じること。→保証状、L/G付買取
LIABILITY
債務、負債
LIBID
LONDON INTER-BANK BID RATE、ロンドン銀行間市場取り手相場
LIBOR
LONDON INTER-BANK OFFERED RATE、ロンドン銀行間市場出し手相場
LICENSE
許可（書）、承認（証）
LIFTING CHARGE
為替取扱手数料、通貨の交換を伴わない取引に係る手数料（LIFTING COMMISSION、HANDLING CHARGE）
LIFTING COMMISSION
為替取扱手数料（LIFTING CHARGE、HANDLING COMMISSION）
LINER
定期船
LOADING
積込み、船積み
LOADING ON BOARD
積込み
LOADING PORT
船積港（PORT OF LOADING）
LOAN
貸出（LENDING）
LOAN AGREEMENT
金銭消費貸借契約（証書）
LOAN ON BILL
手形貸付（LOAN ON NOTES）
LOAN ON DEED

証書貸付
LOAN ON NOTES
手形貸付（LOAN ON BILL）
LOCAL CREDIT
国内信用状（DOMESTIC CREDIT）
LOCAL CURRENCY
現地通貨
LONG POSITION
買持ち
LOSS
損失、滅失
LOSS RATIO
損害率、収入保険料に対する支払保険金の割合

M

M&A
MERGER AND ACQUISITION、企業買収。海外では米国を中心として、企業の事業再構築、活性化や株主利益の極大化を生む手段の1つとして、M&A（企業の合併・買収）が活発に行われている。また、LBO（LEVERAGED BUY OUT）ファンドの融資や、日本企業による海外企業のM&Aが急増しており、日本企業との関係も深まってきている。
MAIL
郵便
MAIL CONFIRMATION
メールコンファメーション、郵便確認書（UCP600第11条a項）
MAIL INTEREST
郵送期間利息、メール期間金利
MAIL TRANSFER
普通送金、郵便付替（M/T）
MAIN MARK
主マーク、荷印の一部で荷受人を示すマーク
MANAGER
支配人、管理者、課長
MANIFEST
積荷目録、船積貨物の明細書
MANUFACUTURER
製造業者
MARGIN
マージン、利鞘、銀行間相場と対顧客相場との差
MARGIN MONEY
保証金、証拠金
MARINE
海の
MARINE BILL OF LADING
海上船荷証券（OCEAN BILL OF LADING）
MARINE INSURANCE
貨物海上保険、海上保険
MARINE INSURANCE POLICY
海上保険証券
MARINE RISK(S)
海上リスク
MARK
荷印（SHIPPING MARK、CARGO MARK、CASE MARK）
MARKET
市場
MARKET CLAIM
マーケットクレーム、市況の変化等による損失を補うため、些細な欠点をあ

げ、値引きを要求すること
MARKET INTEREST RATE
　実勢金利、市場金利
MARKET PRICE
　市場価格
MARKET RATE
　市場相場
MARKING
　荷印の刷込み
MARRY
　為替マリー、同通貨・同金額・同時期の債権・債務を組み合わせて為替リスクを避ける方法
MASTER
　船長（CAPTAIN）
MASTER AIR WAYBILL
　マスター・エア・ウェイビル、航空会社発行の原航空貨物運送状
MASTER B/L
　船社船荷証券
MASTER CREDIT
　原信用状（PRIMARY CREDIT、ORIGINAL CREDIT、MOTHER CREDIT）
MATE'S RECEIPT
　本船受取書、船付貨物受取書、貨物の船積完了時に、本般側が貨物を受け取ったことの証として発行するもの
MATURE
　期限満了する
MATURITY
　満期日、支払期日（MATURITY DATE）
MATURITY DATE
　満期日、支払期日（DUE DATE、MATURITY、ISBP681 NO.45-47）
MATURITY-DESIGNED (TIME) DEPOSIT
　期日指定定期預金
MAX.
　MAXIMUM、最大限度
MEASUREMENT
　容積
MEMORANDUM
　覚書、定款
MERCHANDISE
　商品（COMMODITY）
MERCHANTING TRADE
　仲介貿易（INTERMEDIARY TRADE）
MESSAGE
　通信文
MESSAGE TYPE
　（スイフトの）メッセージタイプ
METI
　MINISTRY OF ECONOMY, TRADE AND INDUSTRY、経済産業省
MIDDLE
　中旬、船積月の場合、各月の11日から20日まで
MIDDLE RATE
　仲値（CENTRAL RATE）
MIN.
　MINIMUM、最小限度
MINIMUM CHARGE
　少額手数料
MISCELLANEOUS CHARGES
　雑手数料
MIXED PAYMENT
　支払方法を組み合わせた支払
MMC
　MONEY MARKET CERTIFICATE、市場金利連動（型）預金

MML
　MONEY MARKET LOAN、市場金利連動（型）貸出
MOF
　MINISTRY OF FINANCE、財務省
MONEY CHANGER
　両替商
MONEY EXCHANGE
　両替
MONEY LAUNDERING
　マネー・ローンダリング、資金洗浄
MONEY ORDER
　マネーオーダー、送金に使用される銀行小切手、郵便為替
MORE OR LESS
　過不足許容、○％増減を許容する条件
MORTGAGE
　抵当権
MORTGAGE COLLATERAL
　不動産担保
MOTHER CREDIT
　原信用状（ORIGINAL CREDIT、PRIMARY CREDIT、MASTER CREDIT）
MT
　MESSAGE TYPE、（スイフトの）メッセージタイプ
M/T
　MAIL TRANSFER、普通送金、郵便付替
MULTI-CURRENCY CLAUSE
　複数通貨選択権付条項
MULTILATERAL NETTING
　マルチラテラル・ネッティング、複数の当事者間での相殺による決済
MULTIMODAL TRANSPORT DOCUMENT
　複合運送書類（COMBINED TRANSPORT DOCUMENTS、UCP600第19条）
MUTINATIONAL COMPANY
　→多国籍企業
M/W
　MEASUREMENT AND WEIGHT、容積・重量

N

NACCS
　NIPPON AUTOMATED CARGO AND PORT CONSOLIDATED SYSTEM、輸出入港湾関連情報処理システム
NAFTA
　NORTH AMERICAN FREE TRADE AGREEMENT、北米自由貿易協定
NATO
　NORTH ATLANTIC TREATY ORGANIZATION、北大西洋条約機構、共産主義の脅威に対応するために生まれた西側の軍事機構。1949年4月に「北大西洋条約」に基づき発足した。原加盟国は米国、カナダの北米2カ国と、欧州10カ国の計12カ国。ソ連崩壊後は、東方拡大が進み、現在は28カ国が加盟する軍事同盟。
NCD
　NEGOTIABLE CERTIFICATE OF DEPOSIT、譲渡性預金（証書）
ND
　NON-DELIVERY、不着（損害）、配

達／配信不可
NDF
　NON DELIVERABLE FORWARD、ノン・デリバラブル・フォワード
NDO
　NON DELIVERABLE OPTION、ノン・デリバラブル・オプション
NEGOTIABLE
　流通可能の、譲渡可能の
NEGOTIABLE B/L
　譲渡式船荷証券
NEGOTIABLE DOCUMENTS
　流通可能の書類（→NON-NEGOTIABLE DOCUMENTS）
NEGOTIATE
　買取する、交渉する
NEGOTIATING BANK
　買取銀行
NEGOTIATING COMMISSION
　買取手数料
NEGOTIATION
　買取（UCP600第2条）
NEGOTIATION ADVICE
　買取通知、ネゴアド
NETTING
　差額決済　→ネッティング
NET WEIGHT
　正味重量
NEXI
　NIPPON EXPORT AND INVESTMENT INSURANCE、独立行政法人日本貿易保険、ネクシー
NIL
　無、ゼロ
NISA
　少額投資非課税制度。一定金額までの上場株式と投資信託などの配当・譲渡益が非課税になる制度
NO COMMERCIAL VALUE
　無為替、無償
NOMINAL
　名目上の
NOMINAL RATE
　名目的な相場
NOMINATED BANK
　指定銀行（NOMINATING BANK、UCP600第2条）
NOMINATING BANK
　指定銀行（NOMINATED BANK）
NON-ACCEPTANCE
　引受拒絶
NON CORRESPONDENT
　ノンコルレス先
NON-CUMULATIVE
　回転信用状非累積の
NON DELIVERABLE FORWARD
　ノン・デリバラブル・フォワード、予め約定した為替相場と決済日の直物為替相場との差額に応じて、差金を決済する先物為替予約（NDF）
NON DELIVERABLE OPTION
　ノン・デリバラブル・オプション、予め約定した行使相場と決済日の直物為替相場との差額に応じて、差金を決済するオプション（NDO）
NON-DELIVERY
　不着（損害）、配達／配信不可、貨物が梱包ごと到着しない場合の損害（ND）
NON-DEPOSITORY CORRESPONDENT
　ノンデポコルレス先、決済用の預金口座がないコルレス先

NON-NEGOTIABLE
流通性のない、譲渡不可能な
NON-NEGOTIABLE DOCUMENTS
流通性のない書類、第三者への譲渡と認めていない書類
NON-NEGOTIABLE SEA WAYBILL
流通性のない海上運送状、第三者への譲渡を認めていない海上運送状（UCP 600第21条）
NON-PAYMENT
支払拒絶（UNPAID）
NON-RESIDENT
非居住者
NON-RESIDENT YEN ACCOUNT
非居住者円預金
NONUPLICATE
9通
NOSTRO ACCOUNT
当方口座、当方勘定、預け金、預け金勘定、銀行間での資金決済のために開設した相手銀行にある当方の決済口座
NOTARY
公証人、署名に立会署名の正当性を確認して証言を記録する法的権限を与えられた人（NOTARY PUBLIC）
NOTARY PUBLIC
公証人（NOTARY）
NOTATION
付記
NOTICE
通知（NOTIFICATION）
NOTIFICATION
通知（NOTICE）
NOTIFY
通知する
NOTIFYING BANK
通知銀行（ADVISING BANK）
NOTIFY PARTY
着荷通知先、着船通知先

O

OCEAN BILL OF LADING
海上船荷証券（MARINE BILL OF LADING）
OCTUPLICATE
8通
O/D
OVERDRAFT、当座貸越
ODA
先進国の政府その他の機関による、国際協力の方法である政府開発援助（発展途上国援助）
OECD
ORGANIZATION FOR ECONOMIC CO-OPERATION AND DEVELOPMENT、経済協力開発機構、第二次世界大戦後、米国の対西欧援助（マーシャルプラン）の受入機関として発足したOEEC（欧州経済協力機構）は、西欧の経済復興と発展に貢献した。OECDは、このOEECを改組し、米国およびカナダを正式メンバーとして加えて1961年9月に発足した先進国を中心とする国際機構で、事務局をパリに置いている。①経済成長、②貿易自由化、③途上国支援を三大目的として掲げている。日本は1964年4月に正式に加盟した。
OEM

ORIGINAL EQUIPMENT MANUFACTURING、他社ブランドの製品製造、他社ブランド製品
OFF BALANCE SHEET TRANSACTIONS
オフバランス取引
OFFER
申込み →オファー
OFFERED RATE
売り値
OFFICIAL DOCUMENTS
公的書類、公式書類
OFFSET
相殺（SETOFF）
OFF SHORE MARKET
オフショア市場
O/N
OVERNIGHT、当日から翌営業日までの期間、当翌スワップ
ON ARRIVAL OF GOODS
貨物到着後直ちに
ON BOARD
本船に積載する
ON BOARD B/L
積込式船荷証券、船積船荷証券、本船に貨物が積み込まれた時点で発行される形式の船荷証券（SHIPPED B/L）
ON BOARD NOTATION
積込済みの付記、船荷証券に貨物が実際に船積みされた日を表示していること（UCP600第20条）
ON DECK
甲板積
ON DECK CARGO
甲板積貨物
ON DEMAND
要求あり次第
ONE PAYMENT
ワンペイメント方式、送金通貨のデポ先にP/Oを発信し、振込先銀行への支払を依頼する方式
ON OR ABOUT
〜にまたは約〜に、船積日の場合、明記された日の5日前から5日後までの期間（UCP600第3条）
O/P
OPEN POLICY、包括予定保険、包括予定保険証券
OPEN ACCOUNT
清算勘定
OPEN CONFIRMATION
オープン・コンファメーション、発行銀行から依頼されて行う信用状の確認
OPEN CONTRACT
包括予定保険契約
OPEN COVER
包括予定保険、包括予定保険契約
OPEN CREDIT
オープン信用状、買取銀行の指定のない信用状
OPENING BANK
開設銀行、発行銀行（ISSUING BANK、ESTABLISING BANK）
OPENING CHARGE
信用状発行手数料
OPENING RATE
始値
OPEN POLICY
包括予定保険、包括予定保険証券、一定期間の荷物を一括しててん補する保険または保険証券
OPERATION

操作
OPTION
オプション、選択権、任意
OPTION PREMIUM
オプション料
ORDER
注文、指図人
ORDER B/L
指図式船荷証券
ORDERING BANK
依頼銀行、指図銀行
ORDER SHEET
注文書
ORDINARY DEPOSIT
普通預金（SAVINGS ACCOUNT）
ORIGIN
原産地
ORIGINAL
オリジナル、原本
ORIGINAL CREDIT
原信用状（MASTER CREDIT、PRIMARY CREDIT、MOTHER CREDIT）
ORIGINAL SIGNATURE
旅行小切手の所持入署名、オリジナルサイン
ORIGINATOR
外国送金の振込依頼人
OUR ACCOUNT
当方口、当方勘定、相手方銀行にある当方の決済用預金口座
OUR ISSUE
本邦銀行直接発行方式、表保証方式
OUTRIGHT
アウトライト、為替の売りまたは買いを単独で行う取引
OUTSTANDING
未決済
OUTWARD BILL FOR COLLECTION
仕向取立手形
OUTWARD REMITTANCE
仕向送金
OVERALL POSITION
総合持高
OVERBOUGHT POSITION
買持ち
OVER DUE
支払期限経過、満期不払いの状態、オーバーデュー。輸出手形保険で、荷為替手形の不渡後買い取られた同一振出人の手形が保険事故となった場合の免責
OVERDUE INTEREST
遅延利息、延滞利子（DELAYED INTEREST）
OVERDRAFT
当座貸越（O/D）
OVERDRAWING
オーバードローイング、信用状金額超過での使用
OVER INSURANCE
超過保険、保険金額が保険価額を超える場合のこと
OVERLAND B/L
（海上運送と陸上運送とを含む）通し船荷証券（THROUGH B/L）
OVERNIGHT
当翌スワップ、当日渡しと翌日渡しの組合せスワップ（O/N）
OVERNIGHT DELIVERY
翌日渡し
OVERSEAS REMITTANCE
海外送金、外国送金（FOREIGN REMITTANCE）

OVER SHIPMENT
超過船積み、信用状に定められた数量を超える貨物の船積み
OVERSOLD POSITION
売持ち
OWNER
船主

P

PA
　PARTICULAR AVERAGE、単独海損
P/A
　PAYMENT ADVICE、支払通知、支払通知書
p.a.
　PER ANNUM、1年につき
PACKAGING
　包装、梱包
PACKING
　包装、梱包
PACKING CREDIT
　輸出前貸信用状、輸出前貸を許容する文言が記載された信用状（RED CLAUSE CREDIT）
PACKING LIST
　包装明細書（P/L）
PAPER CAMPANY
　→ペーパーカンパニー
PAPER MONEY
　紙幣
PARCEL POST
　郵便小包
PARCEL POST RECEIPT
　郵便小包受領書（POST RECEIPT）
PARCEL RECEIPT
　小包受領書
PARTIAL
　一部の、分割
PARTIAL DRAWING
　分割使用（UCP600第31条）
PARTIAL LOSS
　分損、貨物の一部の価値が失われる損害
PARTIAL PAYMENT
　一部支払
PARTIAL SHIPMENT
　一部船積み、分割船積み（UCP600第30条、第31条）
PARTIAL TRANSFER
　（譲渡可能信用状の）一部譲渡
PARTICULAR AVERAGE
　単独海損、船舶・船荷が航海上の事故のために被った損害・費用を損害が生じた船主または荷主単独で負担する方式（PA）
PARTNERSHIP
　組合
PASSBOOK
　通帳
PASSPORT
　パスポート、旅券
PAY
　支払う
PAYABLE AT DESTINATION
　（運賃の）仕向地での後払
PAYEE
　受取人

PAYER
支払人
PAYING BANK
（外国送金の）支払銀行
PAYMENT
支払
PAYMENT ADVICE
支払通知、支払通知書（P/A、ADVICE OF PAYMENT）
PAYMENT COMMISSION
支払手数料
PAYMENT CREDIT
支払信用状
PAYMENT GUARANTEE
支払保証　→支払保証状
PAYMENT IN ADVANCE
前払（ADVANCE PAYMENT）
PAYMENT ORDER
支払指図、支払指図書（P/O）
PAYMENT TERMS
決済条件（TERMS OF PAYMENT）
PAYOFF
完済
PAY ON APPLICATION
請求払、要求払　→請求払
PB
PRIMARY BALANCE、基礎的財政収支
PENALTY
違約金
PENDING
懸案中の、〜の間、まで
PER ANNUM
1年当り、1年につき（p.a.）
PERFORMANCE BOND
契約履行保証

PERIOD FOR PRESENTATION
呈示期間
PERSONAL CHECK
個人小切手、一般企業・個人が振り出した小切手（PRIVATE CHECK）
PERSONAL IDENTIFICATIONS DOCUMENTS
本人確認資料
PERSONAL SEAL
印鑑（SEAL）
PERSON IN CHARGE
担当者
PHYTOSANITARY CERTIFICATE
植物検疫証明書
PICK-UP
集荷
PIIGS
欧州連合で財政状況の悪いポルトガル、アイルランド、イタリア、ギリシャ、スペインの5カ国をまとめて、「PIIGS」と呼ぶ。
PKI
　PUBLIC KEY INFRASTRUCTURE、公開鍵暗号技術
PL
　PRODUCT LIABILITY、製造物賠償責任
P/L
　PACKING LIST、包装明細書
PLACE FOR PRESENTATION
呈示地（UCP600第6条）
PLACE OF DELIVERY
引渡地
PLACE OF DESTINATION
仕向地
PLACE OF DISCHARGE

PLACE

荷揚地
PLACE OF EXPIRY
　有効期限満了地
PLACE OF FINAL DESTINATION
　最終仕向地、最終到達地
PLACE OF RECEIPT
　受取地（PLACE OF TAKING IN CHARGE）
PLACE OF TAKING IN CHARGE
　受取地（PLACE OF RECEIPT）
PLANT EXPORT
　プラント輸出
PLEDGE
　質権
P/O
　① PAYMENT ORDER、支払指図、支払指図書
　② PURCHASE ORDER、注文書、買約書
P.O.BOX
　POST OFFICE BOX、私書箱
POLICY
　保険証券
PORT MARK
　仕向港マーク、荷印の一部で仕向港を示すマーク
PORT OF DESTINATION
　仕向港
PORT OF DISCHARGE
　陸揚港、荷揚港
PORT OF LOADING
　船積港（LOADING PORT、PORT OF SHIPMENT）
PORT OF SHIPMENT
　船積港（PORT OF LOADING）
POSITION
　ポジション、持高
POSTAGE
　郵送料
POSTAL MONEY ORDER
　郵便為替証券
POSTDATED CHECK
　先日付小切手
POSTDATED REMITTANCE
　先日付送金
POST RECEIPT
　郵便受領書、郵便小包受領書、小包郵便物受領書（PARCEL POST RECEIPT、UCP600第25条ｃ項）
POWER OF ATTORNEY
　委任状
P/P
　PARCEL POST、郵便小包
P.P.
　PER PROCURATION、～の代理人として
P.P.NEGO
　POST PAYMENT NEGOTIATION、資金受領後買取
PRE-ADVICE
　プレ・アドバイス、事前通知（PRELIMINARY ADVICE）
PREFERENTIAL DUTY
　特恵関税
PREFERENTIAL TARIFF
　特恵税率
PRELIMINARY ADVICE
　事前通知（PRE-ADVICE、UCP600第11条ｂ項）
PRELIMINARY NOTIFICATION
　予告
PREMIUM

保険料、先高
PREPAID
（運賃の）前払
PRESENTATION
手形の呈示、書類の提示（UCP600第2条、URDG758第2条）
PRESENTATION PERIOD
呈示期間
PRESENTER
呈示人（UCP600第2条、URDG758第2条）
PRESENTING BANK
呈示銀行
PRE-SHIPMENT INSPECTION
船積み前検査
PRE-SHIPMENT INSPECTION CERTIFICATE
船積み前検査証明書
PRETEND NEGOTIATION
プリテンドネゴ、信用状付輸出為替で買取を行わず、対外的には買取を装うこと（POST PAYMENT NEGOTIATION）
PRICE
価格
PRICE LIST
価格表
PRIMARY BALANCE
基礎的財政収支
PRIMARY CREDIT
原信用状（MASTER CREDIT、ORIGINAL CREDIT、MOTHER CREDIT）
PRIME RATE
最優遇利率、プライムレート
PRINCIPAL
本人、元金

PRIVATE CHECK
個人小切手（PERSONAL CHECK）
PROCEEDS
代金、手取金
PROCEEDS REMITTED
送金金額
PROCESS
取次、買取銀行が他の在日銀行から買取代り金を受領後に輸出者に支払う方法
PROCESSING DEAL
委託加工貿易
PRODUCT LIABILITY INSURANCE
製造物賠償責任保険
PROFORMA INVOICE
仮送り状、見積書　→プロフォーマ・インボイス
PROGRESSIVE PAYMENT
作業の進行に応じた支払、出来高払
PROHIBIT
禁止する
PROJECT FINANCE
プロジェクトファイナンス
PROMISSORY NOTE
約束手形
PROPERTY ACCUMULATION SAVINGS CONTRACTS
財形貯蓄
PROTEST
拒絶証書
PROTEST WAIVED
拒絶証書不要
PROVISION
条項、規定
PROVISIONAL DECLARATION
予定通知
PROVISIONAL INSURANCE

予定保険
PROVISIONAL INVOICE
仮送り状
PROVISIONAL POLICY
予定保険証券
PROXY
代理人
PURCHASE
購入する
PURCHASE AGREEMENT
旅行小切手の購入契約書
PURCHASE CONTRACT
買約書（PURCHASE ORDER、PURCHASE NOTE）
PURCHASE NOTE
買約書（PURCHASE CONTRACT）
PURCHASE ORDER
注文書、買約書（P/O、PURCHASE CONTRACT）
PURCHASER
購入者
PUT OPTION
プット・オプション、一定の価格で売る権利

Q

QE
QUANTITATIVE EASING、量的金融緩和　→緩和マネー
QUADRUPLICATE
4通
QUALITY
品質
QUANTITY
数量（UCP600第30条）
QUINTUPLET
5通
QUINTUPLICATE
5通
QUOTA
割当て
QUOTATION
見積（書）、相場
QUOTATIONS
相場表
QUOTE
引用文の開始

R

R/A
① REIMBURSEMENT AUTHORIZATION、補償授権書
② REIMBURSEMENT AGENT、決済銀行
RATE
利率、料率、相場
R/C
REMITTANCE CHECK、送金小切手
RCEP
REGIONAL COMPREHENSIVE ECONOMIC PARTNERSHIP、東アジア地域包括的経済連携、東南アジア諸国連合（ASEAN）を中心に16カ国が参加

する広域の自由貿易圏。参加国は、ASEAN10カ国に加えて、日中韓、オーストラリア、ニュージーランド、インド。→ASEAN

〔RCEP〕

```
┌─────────── RCEP ───────────┐
│  ┌── ASEAN ──┐ ┌─ 日中韓FTA ─┐│
│  │・カンボジア │ │・日本      ││
│  │・インドネシア│ │・中国      ││
│  │・フィリピン │ │・韓国      ││
│  │・ミャンマー │ └───────────┘│
│  │・シンガポール│ ・オーストラリア│
│  │・ラオス    │ ・ニュージーランド│
│  │・タイ      │              │
│  │・マレーシア │              │
│  │・ベトナム   │              │
│  │・ブルネイ   │              │
│  └───────────┘              │
│  ・インド                    │
└─────────────────────────────┘
```

REAL TIME GROSS SETTLEMENT
即時グロス決済、資金や国債等の決済を取引ごとに行う決済方法（RTGS）

RECEIPT
受領証、受取書

RECEIVED B/L
受取船荷証券、貨物の船積み前に、船会社が貨物を受け取った時に発行される船荷証券

RECEIVING BANK
外国送金の資金の受取銀行

RECONCILIATION
リコンサイル、当方口勘定の入出金の照合

RECOURSE
償還請求権、遡求権

RED CLAUSE CREDIT
輸出前貸信用状、輸出前貸を許容する文言が記載された信用状（PACKING CREDIT）

REDISCOUNT
再割引

RE-EXPORT
再輸出

REFER
参照する

REFERENCE
参照、付記

REFERENCE NUMBER
参照番号、取引番号

REFINANCE
リファイナンス、銀行による資金の再融資

REFLATION
リフレ、通貨再膨張　→リフレーション

REFUND
償還、払戻

REFUNDMENT BOND
前受金返還保証、前払金返還保証（ADVANCE PAYMENT BOND）

REFUSE
拒絶する

REGISTER
登録する、記録する、帳簿、記入帳

REGISTERED AIRMAIL
書留航空郵便

REGULATION
規則

REGISTRATION
登記、登録

REIMBURSE
補償する、求償する、返済する

REIMBURSEMENT
支払請求、補償、求償、返済
REIMBURSEMENT AGENT
決済銀行（R/A）
REIMBURSEMENT ARRANGEMENT
補償の取決め（UCP600第13条）
REIMBURSEMENT AUTHORIZATION、REIMBURSEMENT AUTHORISATION
補償授権、補償授権書（R/A）
REIMBURSEMENT BANK
補償銀行、決済銀行（REIMBURSING BANK）
REIMBURSEMENT BASIS
求償方式、買取銀行が信用状で指定された支払銀行から支払を受ける方式
REIMBURSEMENT CLAIM
補償請求
REIMBURSEMENT CREDIT
補償信用状、支払銀行宛の支払請求を条件とする信用状
REIMBURSEMENT DRAFT
求償手形
REIMBURSEMENT UNDERTAKING
補償確約
REIMBURSING AGENT
決済銀行（REIMBURSING BANK）
REIMBURSING BANK
補償銀行、決済銀行（REIMBURSEMENT BANK）
REISSUANCE
再発行
RELEASE
解除する
RELEASE ORDER
貨物引渡指図書

RELOADING
再積込み
REMARKS
摘要、注記
REMITTANCE
送金
REMITTANCE BASIS
送金方式、信用状発行銀行が書類を受領後に決済を行う方式
REMITTANCE CHECK、REMITTANCE CHEQUE
送金小切手（R/C、DEMAND DRAFT）
REMITTANCE FEE
送金手数料
REMITTEE
送金受取人
REMITTER
送金者
REMITTING BANK
仕向銀行、書類送付銀行
REPAIR CHARGE
リペアチャージ、欧州域内への外国送金で不備を理由に相手銀行から追加請求される手数料
REPAYMENT
返済、回収
REPORT ON PAYMENTS AND RECEIPTS
支払等報告書
REPRESENTATIVE
代表者、代理人
RESHIP、RE-SHIPMENT
積戻し、積替え
RESIDENT
居住者
RESTRICT

制限する
RESTRICTED CREDIT
リストリクト信用状、買取銀行を指定する信用状（SPECIAL CREDIT）
RETENTION BOND
留保金返還保証（RETENTION MONEY BOND）
RETENTION MONEY BOND
留保金返還保証（RETENTION BOND）
RETRANSFER
再譲渡
REVENUE STAMP
収入印紙
REVOCABLE
取消可能の
REVOCABLE CREDIT
取消可能信用状
REVOLVING CREDIT
回転信用状、一定期間ごとに信用状金額が自動更新される信用状
RISK
危険
RMA
RELATIONSHIP MANAGEMENT APPLICATION、スイフトでの金融機関との関係管理機能
ROLLOVER
ロールオーバー、書換え、貸付・預金契約の期日の更新
ROYALTY
工業所有権・ライセンスの使用料 → ロイヤルティー
RTGS
REAL TIME GROSS SETTLEMENT、即時グロス決済

S

S/A
① SHIPPING APPLICATION、船積申込書
② SHIPPING ADVICE、船積通知
SALES CONFIRMATION
売買確認書
SALES CONTRACT
売買契約、売買契約書（CONTRACT NOTE）
SALES NOTE
売約書（SALES CONTRACT）
SAME DAY FUNDS
同日資金、当日の取引に使用できる資金
SAME DAY SETTLEMENT
同日決済
SAMPLE
見本（SPECIMEN）
SAMPLE ORDER
見本注文
SANITARY CERTIFICATE
衛生証明書（HEALTH CERTIFICATE）
SAVING ACCOUNT
普通預金（ORDINARY DEPOSIT）
SDR
SPECIAL DRAWING RIGHTS、IMF（国際通貨基金）に加盟する国がもつ資金の特別引出権をいう。準備資産・外貨不足の国が米ドルやユーロなど必要な外貨を調達するための請求権である。IMFへの出資額によって配分されるSDRを

保有していれば、IMFの指示に従って、それを他の加盟国がもつ外貨と一定の割合で交換できる。国際取引のための外貨が不足した国は、SDRを使って、その時の支払に必要な外貨を調達できることになる。

〔SDR〕

```
┌─────────────────────────────┐
│  SDR使用国（IMF加盟国）      │
└─────────────────────────────┘
   │ SDR使用請求        ▲
   ▼                    │ SDRと
 ┌─────┐                │ 通貨の
 │ IMF │                │ 交換
 └─────┘                │
   │ 通貨提供指示       │
   ▼                    │
┌─────────────────────────────┐
│  通貨提供国（IMF加盟国）     │
└─────────────────────────────┘
```

SEAL
　印鑑（PERSONAL SEAL）
SEA WAYBILL
　海上貨物運送状
SECOND ADVISING BANK
　第二通知銀行（UCP600第9条c項）
SECONDARY CREDIT
　第二の信用状（LOCAL CREDIT）
SECOND BENEFICIARY
　譲渡可能信用状の第二の受益者
SECOND HALF
　後半、船積月の場合、各月の16日から月末まで
SECRETARY'S CERTIFICATE
　秘書が作成する代表者証明書
SECURITY
　証券、担保
SELLER
　売主、輸出者（EXPORTER）
SELLING CONTRACT
　売予約
SELLING OFFER
　売申込み
SELLING RATE
　売相場
SENDER
　外国送金の送信人
SENDING DATE
　電信の送信日
SEPTUPLICATE
　7通
SERVICE
　サービス、役務
SERVICER
　サービサー、債権回収専門会社
SETOFF
　相殺（OFFSET）
SETTLEMENT
　決済
SETTLEMENT INSTRUCTIONS
　決済指図
SEXTUPLICATE
　6通
SHIP
　船積みする、船
SHIPMENT
　船積み、積出し
SHIPPED B/L
　積込式船荷証券、船積船荷証券、本船に貨物が積み込まれた時点で発行される形式の船荷証券（ON BOARD B/L）
SHIPPER
　荷送人、荷主
SHIPPER'S USANCE

シッパーズユーザンス、輸出者によるファイナンス／支払猶予
SHIPPING ADVICE
　船積通知（S/A）
SHIPPING AGENT
　船積代理業者
SHIPPING CHARGES
　船積費用
SHIPPING DOCUMENTS
　船積書類
SHIPPING INVOICE
　船積送り状
SHIPPING INSTRUCTIONS
　船積指図、船積指図書、輸出者による海貨業者宛船積みに関する指図
SHIPPING MARK
　荷印（CARGO MARK、CASE MARK）
SHIPPING ORDER
　船積指図書、船会社による船長宛貨物船積みのための指図書
SHORTAGE
　不足、貨物の到着数量が輸送数量より少ない場合
SHORT DELIVERY
　貨物の一部不着
SHORT DRAWING
　ショートドローイング、信用状金額を下回る使用
SHORT FORM BILL OF LADING
　裏面不記載船荷証券、運送契約条件が記載されていない略式船荷証券
SHORT POSITION
　売持ち
SHORT SHIPMENT
　船積数量不足
SIBOS
　スイフトが主催する世界最大級の国際金融会議
SIGHT
　手形期間
SIGHT BILL
　一覧払手形（SIGHT DRAFT）
SIGHT CREDIT
　一覧払信用状
SIGHT DRAFT
　一覧払手形（SIGHT BILL）
SIGHT PAYMENT
　一覧後支払
SIGN
　サイン、署名（SIGNATURE）
SIGNATORY
　署名者
SIGNATURE
　サイン、署名（SIGN）
SILENT CONFIRMATION
　サイレントコンファメーション、発行銀行の依頼に基づかない信用状の確認
SIMILAR CREDIT
　類似信用状
SINGLE L/G
　シングルL/G、荷物引取のための輸入者単独の保証状
SOLA BILL
　単一手形、複本のない手形
SOLD
　為替の売り
SORT CODE
　ソートコード、英国の銀行識別番号
SPECIAL B/L
　記名式船荷証券（CONSIGNED B/L、STRAIGHT B/L）
SPECIAL CREDIT

買取銀行を指定する信用状（RESTRICTED CREDIT）
SPECIAL CROSSED CHECK
特別線引小切手
SPECIAL DELIVERY
速達（EXPRESS）
SPECIAL DEPOSIT
別段預金（SUNDRY DEPOSIT）
SPECIAL INSTRUCTIONS
特別指図
SPECIFICATION
明細
SPECIMEN
見本（SAMPLE）
SPECIMEN SIGNATURE CARD
サインカード、署名鑑
SPOT
直物
SPOT EXCHANGE
直物為替
SPOT EXCHANGE RATE
直物為替相場
SPOT POSITION
直物持高
SPOT RATE
直物相場
SPREAD
スプレッド、値幅、利幅、利鞘
SQUARE POSITION
スクェア、買為替残高と売為替残高とが等しい状態
SRCC CLAUSES
STRIKES RIOTS AND CIVIL COMMOTIONS CLAUSES、ストライキ・暴動・騒乱担保約款
STALE
日時が経過すること
STALE B/L
船積後相当期間経過後に呈示された船荷証券
STALE DOCUMENTS
期限切れの書類
STAMP
印紙
STAMP DUTIES
印紙税
STATEMENT
陳述書、明細書、勘定書
STANDBY CREDIT
スタンドバイ信用状（STANDBY LETTER OF CREDIT）→スタンドバイ・クレジット
STANDBY LETTER OF CREDIT
スタンドバイ信用状（STANDBY CREDIT）→スタンドバイ・クレジット
STOP PAYMENT
支払停止
STRAIGHT B/L
記名式船荷証券（CONSIGNED B/L、SPECIAL B/L）
STRIKE PRICE
行使価格　→ストライクプライス、通貨オプション
STRIKES RIOTS AND CIVIL COMMOTIONS CLAUSES
ストライキ、暴動、騒乱担保約款（SRCC CLAUSES）
SUBSIDIARY COMPANY
子会社
SUM INSURED
保険金額（AMOUNT INSURED）
SUNDRY DEPOSIT

別段預金（SPECIAL DEPOSIT）

SUPPLIER'S CERTIFICATE
輸出者証明書

SUPPLIER'S CREDIT
サプライヤーズクレジット、輸出国金融機関による輸出者への長期資金の融資。輸出者が輸入者に与える延払信用

SUPPLY CHAIN
部品供給網

SURCHARGE
サーチャージ、利鞘

SURRENDERED B/L
サレンダード船荷証券、元地回収船荷証券、船会社が船積地で全通回収し、輸入地の船会社へ輸入者への貨物引渡を指示する船荷証券

SURVEYOR
検査人

SURVEY REPORT
検査報告書、検量報告書

SWAP
スワップ、直物と先物の売買を同時に行う取引　→スワップ取引

SWAP COST
スワップ・コスト、スワップ取引を行ったときの損失

SWAP PROFIT
スワップ・プロフィット、スワップ取引を行ったときの利益

SWAP SPREAD
スワップ・スプレッド、直物と先物との開き　→スワップ・スプレッド

SWIFT
SOCIETY FOR WORLDWIDE INTERBANK FINANCIAL TELECOMMUNICATION、スイフト、1973年、国際取引を行う世界の主要銀行が協力して設立した世界的レベルで安全化・標準化された国際通信ネットワークサービス。本部はベルギー、組織形態は非営利の「協同組合」を採用している。現在、200カ国、1万以上の金融機関がこのシステムを利用中。日本でも数多くの金融機関、企業がこのシステムを資金・証券決済で利用している。→スイフト

SWIFT ADDRESS
スイフトアドレス、スイフト宛先の略号

SWITCH TRADE
スイッチ貿易、輸出入代金の決済を第三者に介入させて行う方式　→スイッチ貿易

SYNDICATED LOAN
協調融資

TAG
タグ、スイフト電文で用いられる標識

TAKE OVER BID
株式公開買付（TOB）

TAKING IN CHARGE
受取

TARIFF
関税、料率表（CUSTOMS DUTY、DUTY、DUTIES）→タリフ

TARIFF RATE
表定運賃率、定期航路の場合、同一航路でのダンピング競争を避けるために特

別に容認された海運同盟の協定運賃

TAX HAVEN
　→タックスヘイブン

TB
　TREASURY BILL、政府短期証券、米国財務省証券

T/C
　TRAVELER'S CHECK、旅行小切手

TECHNICAL UNPAID
　テクニカルアンペイド、信用状発行銀行の判断で、ディスクレ付書類の引取拒絶の通告を行うこと（FIRST PRESENTATION UNPAID）

TELECOMMUNICATION
　テレコミュニケーション

TELEGRAPHIC REMITTANCE
　電信送金（TELEGRAPHIC TRANSFER）

TELEGRAPHIC TRANSFER
　電信送金（T/T）

TELEGRAPHIC TRANSFER BUYING RATE
　電信買相場（TTB、TTB RATE）

TELEGRAPHIC TRANSFER MIDDLE RATE
　電信相場仲値（TTM、TTM RATE、MIDDLE RATE）

TELEGRAPHIC TRANSFER REIMBURSEMENT
　TTリンバースメント、電信による支払請求／補償（TT REIMBURSEMENT、TTR）

TELEGRAPHIC TRANSFER SELLING RATE
　電信売相場（TTS、TTS RATE）

TELETRANSMISSION
　テレトランスミッション

TELEX
　TELEGRAPH EXCHANGE、テレックス、加入者電信

TELLER
　テラー、窓口係

TELLER WINDOW、TELLER'S WINDOW
　窓口、店頭窓口

TENDER
　入札（BID）

TENDER BOND
　入札保証（BID BOND）

TENOR
　手形期間、支払条件

TERMS
　条件

TERMS AND CONDITIONS
　条件、取引条件、貸出条件

TERMS OF PAYMENT
　決済条件（PAYMENT TERMS）

TEST KEY
　テストキー、電鍵、コルレス先との間で取り決めた電信用暗号

THEFT, PILFERAGE AND NON-DELIVERY CLAUSE
　盗難・伐荷・不着担保約款、盗難・伐荷・不着事故を担保する保険条件

THEIR ACCOUNT
　先方口、先方勘定、当方にある相手銀行の預金口座

THEIR ISSUE
　現地銀行発行方式、裏保証方式

THIEVES
　盗難

THIRD PARTY

第三者
THIRD PARTY B/L
　第三者の船荷証券、信用状の受益者以外の第三者が荷送人となっている船荷証券

THROUGH B/L
　通し船荷証券、全輸送区間の運送について最初の船会社が発行する船荷証券（OVERLAND B/L）

THROUGH L/C
　スルー信用状、通知銀行から他の銀行を経由して通知される信用状

TIBOR
　TOKYO INTER-BANK OFFERED RATE、東京銀行間市場出し手相場

TIED LOAN
　タイドローン、紐付融資

TILL
　～まで、船積日・期間の場合、記載された日を含む（UCP600第3条）

TIME BILL BUYING RATE
　期限付手形買相場（USANCE BILL BUYING RATE）

TIME DEPOSIT
　定期預金（FIXED DEPOSIT）

TLO
　TOTAL LOSS ONLY、全損のみ担保。一例として、船が沈没すれば通常すべてを失い一部が助かる事例は少ないので、保険料を節約するため、全損の場合だけ保険金を請求できればよいと考える人が利用する。

T/N
　TOMORROW NEXT、トゥモローネクスト

TO
　～まで、船積日・期間の場合、記載された日を含む（UCP600第3条）

TOB
　TAKE OVER BID、株式公開買付

TOLERANCE
　許容範囲、過不足（UCP600第30条）

TOMORROW NEXT
　トゥモローネクスト、翌営業日スタート翌翌営業日エンドのスワップ取引（T/N）

TOTAL LOSS
　全損、船舶の沈没・座礁などの危険により価値のすべてが失われる損害のこと

TOTAL LOSS ONLY
　全損のみ担保（TLO）

TOTAL TRANSFER
　譲渡可能信用状の全額譲渡

TPND
　THEFT、PILFERAGE AND NON-DELIVERY、盗難・抜荷・不着損害

TPNDS
　THEFT、PILFERAGE、NON-DELIVERY AND SHORTAGE、盗難・抜荷・不着・不足損害

TPP
　TRANS-PACIFIC PARTNERSHIP、環太平洋経済連携協定

T/R
　TRUST RECEIPT、荷物貸渡、貨物貸、輸入担保荷物貸渡　→荷物貸渡

TRACER
　照会状

TRADE
　貿易

TRADE FAIR
　見本市

TRADE FINANCE
トレードファイナンス、貿易金融

TRADE INQUIRY
貿易の引合い

TRADE INSURANCE
貿易保険

TRADE MARK
商標

TRADE TERMS
貿易取引条件

TRAILER
トレーラー（UCP600第20条 c 項、第21条 c 項）

TRAMPER
不定期船

TRANSACTION
取引

TRANSFER
譲渡する（ASSIGN）

TRANSFER
資金の振替え、譲渡

TRANSFERABLE
譲渡可能な（UCP600第38条 b 項）

TRANSFERABLE CREDIT
譲渡可能信用状（UCP600第38条 b 項）

TRANSFER CHARGE
譲渡手数料

TRANSFEREE
譲受人

TRANSFEROR
譲渡人

TRANSFERRED CREDIT
譲渡された信用状（UCP600第38条 b 項）

TRANSFERRING BANK
譲渡銀行（UCP600第38条 b 項）

TRANSHIPMENT
積替え（UCP600第19条 b 項、第20条 b 項、第21条 b 項、第23条 b 項、第24条 d 項・e 項）

TRANSHIPMENT B/L
積替船荷証券、仕向地への直通便がない場合、途中で積替えを必要とする輸送に発行される船荷証券

TRANSIT
乗継ぎ、通過、経由、運送

TRANSIT CARGO
通過貨物、第三国で陸揚げし再輸出される貨物

TRANSIT CLAUSE
運送約款、倉庫間約款を統合した運送約款

TRANSMITTAL LETTER
送り状、書類送付書（COVERING LETTER、COVER INSTRUCTIONS、LETTER OF TRANSMITTAL）

TRANSMITTING BANK
取次銀行

TRANSPORTATION
運送、輸送

TRANSPORTATION CHARGES
運送費用、運送料

TRANSPORT DOCUMENT
運送書類

TRAVELER'S CHECK
旅行小切手（T/C）

TRAVELER'S CREDIT
旅行信用状

TREASURY BILL
政府短期証券、米国財務省証券（TB）

TREASURY CHECK
米国政府小切手

TRIPLICATE
3通
TRUST
信託
TRUST RECEIPT
荷物貸渡、貨物貸、輸入担保荷物貸渡（T/R）
T/T
TELEGRAPHIC TRANSFER、電信送金
TTB RATE
TELEGRAPHIC TRANSFER BUYING RATE、電信買相場
TTIP
TRANSATLANTIC TRADE AND INVESTMENT PARTNERSHIP、環大西洋貿易投資協定、EUと米国との間の包括的な自由貿易協定（FTA）
TTM RATE
TELEGRAPHIC TRANSFER MIDDLE RATE、電信相場仲値 →公示仲値
TT RATE
TELEGRAPHIC TRANSFER RATE、電信為替相場
TT REIMBURSEMENT
TTリンバースメント、電信による支払請求／補償（TELEGRAPHIC TRANSFER REIMBURSEMENT）。輸出手形の買取銀行が信用状に定められた決済銀行（REIMBURSEMENT AGENT）に資金の請求をスイフト（SWIFT）で行う方法。
TTS RATE
TELEGRAPHIC TRANSFER SELLING RATE、電信売相場

UCP
UNIFORM CUSTOMS AND PRACTICE FOR DOCUMENTARY CREDITS、信用状統一規則
UCP600
信用状統一規則2007年改訂版（出版冊子NO.600）
UNCLEAN B/L
故障付船荷証券、貨物に損傷がある場合に発行される船荷証券（FOUL B/L、DIRTY B/L）
UNCONDITIONAL GUARANTEE
無条件保証状
UNCONFIRMED CREDIT
無確認信用状、信用状発行銀行のみが支払を約束し、別の銀行が保証していない信用状
UNDER DECK
艙内積
UNDER DECK CARGO
船内積貨物、船倉内に積み込んだ貨物
UNDER INSURANCE
一部保険、保険金額が保険価額に達しない場合のこと
UNDER RESERVE
留保付き
UNDERTAKE
引き受ける
UNDERTAKING
確約、約束
UNDERWRITER

保険業者、保険引受人

UNIFORM CUSTOMS AND PRACTICE FOR DOCUMENTARY CREDITS
荷為替信用状に関する統一規則および慣例、信用状統一規則（UCP）

UNIFORM RULES FOR COLLECTIONS
取立統一規則（URC）

UNIFORM RULES FOR CONTRACT BONDS
契約保証証券統一規則（URCB）

UNIFORM RULES FOR CONTRACT GUARANTEE
契約保証に関する統一規則（URG）

UNIFORM RULES FOR DEMAND GUARANTEES
請求払保証統一規則（URDG）

UNIT PRICE
単価（UCP600第30条）

UNLOAD
積荷を下ろす、陸揚げする

UNPAID
支払拒絶（NON-PAYMENT）、不渡（DISHONOR）→アンペイド

UNPAID BILL
不渡手形（DISHONORED BILL）

UNQUOTE
引用文の終わり、銀行が為替相場を公表しないこと

UNTIL
～から、船積日・期間の場合、記載された日を含む（UCP600第3条）

URC
UNIFORM RULES FOR COLLECTIONS、取立統一規則

URC522
取立統一規則1995年改訂版（出版冊子NO.522）

URCB
UNIFORM RULES FOR CONTRACT BONDS、契約保証証券統一規則

URDG
UNIFORM RULES FOR DEMAND GUARANTEES、請求払保証に関する統一規則

URDG758
請求払保証に関する統一規則2010年改訂版

URG
UNIFORM RULES FOR CONTRACT GUARANTEES、契約保証に関する統一規則

URGENT
至急

URR
UNIFORM RULES FOR BANK-TO-BANK REIMBURSEMENT UNDER DOCUMENTARY CREDITS、銀行間補償に関する統一規則

URR725
銀行間補償に関する統一規則（出版冊子NO.725）

USANCE
ユーザンス、支払猶予、手形の支払期間

USANCE BILL
期限付手形（USANCE DRAFT）

USANCE BILL BUYING RATE
期限付手形買相場（TIME BILL BUYING RATE）

USANCE CREDIT
期限付信用状

USANCE DRAFT
　期限付手形（USANCE BILL）
USANCE INTEREST
　ユーザンス利息

V

VALID
　有効な、効力のある
VALIDITY
　有効、有効期限（EXPIRY DATE）
VALUE ADDED TAX
　付加価値税（VAT）
VALUE DATE
　起算日、付替日、資金受渡日
VAT
　VALUE ADDED TAX、付加価値税
VENDEE
　買手
VENDOR、VENDER
　売手
VERIFICATION
　証明
VERIFIED COPY
　原本と相違ない写、照合確認済みの写し
VERIFY
　照明する、確認照合する
VESSEL
　船（SHIP）
VIA
　経由
VOYAGE
　航海、航行
VOLATILITY
　ボラティリティ、オプション取引の変動性
VOSTRO ACCOUNT
　先方口、先方勘定、預り金、預り金勘定、銀行間での資金決済を行うため開設した当方にある相手銀行の決済口座

W

WA
　WITH AVERAGE、分損担保、単独海損担保。沈没、座礁、大火災等に特定されたもの以外の分損に対しても保険金が支払われる。ただし、小さな事故にまで保険金を請求されたものでは煩わしいので、一定の損害金額以下のものは支払わないという規定がある。
WAIVER
　権利放棄（UCP600第16条）
WAR CLAUSE
　戦争約款、戦争、革命、反乱、だ捕による損害を補てんする約款
WAREHOUSE
　倉庫
WARRANT
　保証する
WARRANTY MONEY
　保証金、証拠金
WARRANTY
　保証、担保
WARRANTY BOND

瑕疵担保保証、購入した機械や機材の故障の修繕に利用可能な保証
WAR RISKS
　戦争危険（W/R）
WAYBILL
　貨物運送状、流通性のない運送証券
WEIGHT AND MEASUREMENT LIST
　重量容積明細書（W/M）
WEIGHT CERTIFICATE
　重量証明書
WEIGHT LIST
　重量明細書
WITH AVERAGE
　分損担保、単独海損担保、全損・分担がてん補されるが、一部の付加危険についててん補されない条件（WA, WITH PARTICULAR AVERAGE）
WITHDRAWAL
　引出し、支払
WITHIN
　以内
WITH L/C
　信用状付き
WITHOUT CREDIT SIGHT BUYING RATE
　信用状なし一覧払手形買相場
WITHOUT L/C
　信用状なし
WITHOUT RECOURSE
　償還請求権なし
WITH PARTICULAR AVERAGE
　分損担保、単独海損担保（WPA, WITH AVERAGE）
WITH RECOURSE
　償還請求権付き
WITH RECOURSE CREDIT
　償還請求権付信用状
WITNESS
　証人、立会人
W/M
　WEIGHT AND MEASUREMENT LIST、重量容積明細書
WORLD BANK
　→世界銀行
WPA
　WITH PARTICULAR AVERAGE、分損担保、単独海損担保
W/R
　WAR RISKS、戦争危険
WTO
　WORLD TRADE ORGANIZATION、世界貿易機関

Y

YIELD
　利益、利回り

Z

ZERO COST OPTION
　ゼロ・コスト・オプション、オプション料の受払のないオプション
ZIP
　ZONE IMPROVEMENT PLAN、米国の郵便番号制度

ZIP CODE
ZONE IMPROVEMENT PLAN CODE、米国の郵便番号
ZONE IMPROVEMENT PLAN
米国の郵便番号制度（ZIP）

巻末資料1　通信文等に使用される略語

ABT	ABOUT
ACC	ACCEPTANCE、ACCOUNT
ACCT	ACCOUNT
ACK	ACKNOWLEDGE、ACKNOWLEDGMENT
ADD	ADDITION(AL)、ADDRESS
ADV	ADVICE、ADVISING
AM	ANTE MERIDIEM（午前）
A/M	ABOVE MENTIONED
AMT	AMOUNT
ANS	ANSWER
APPROX	APPROXIMATELY
ARR	ARRIVAL、ARRIVING、ARRANGEMENT
ART	ARTICLE
ASAP	AS SOON AS POSSIBLE（できるだけ早く）
ATT、ATTN	ATTENTION
AUTH	AUTHENTIC
AV	AVERAGE、AVENUE
AVE	AVENUE
BAL	BALANCE
BCC	BLIND CARBON COPY
BEG	BEGINNING
BENE	BENEFICIARY
BK	BANK

BLDG	BUILDING
BLVD	BOULEVARD
BNF	BENEFICIARY
BR	BRANCH
BTW	BY THE WAY（ところで）
BU	BUSHEL(S)
CC	CARBON COPY (COPIES)
CCY	CURRENCY
CERT	CERTIFICATE
cf.	confer（比較せよ、参照せよ）
CHG、CHGS	CHARGE(S)
CK	CHECK
CO	COMPANY
C/O	CARE OF（気付）
COLL	COLLECTION
COM、COMM	COMMISSION、COMMERCIAL
CONC	CONCERNING
CONT	CONTRACT
CORP	CORPORATION
CR	CREDIT、CREDITOR
CS	CASE(S)
CUR	CURRENCY
CY	CALENDAR YEAR（暦年）

DD、D/D	DATED、DAYS AFTER DATE
DENOM	DENOMINATION
DEP	DEPARTMENT、DEPOSIT、DEPARTURE
DEPT	DEPARTMENT
DFT	DRAFT
DIS、DISC	DISCOUNT
DO	DITTO（同上）
DOC、DOCS	DOCUMENT(S)
DOZ	DOZEN(S)
DR	DEBTOR、DRIVE
D/S	DAYS AFTER SIGHT
DTD	DATED
DUP	DUPLICATE
E. & O. E.	ERRORS AND OMISSIONS EXCEPTED（誤謬、脱漏は除外）
e.g.	exempli gratia（for example、たとえば）
ENCL	ENCLOSURE、ENCLOSED
ETA	ESTIMATED TIME OF ARRIVAL（到着予定時期）
ETD	ESTIMATED TIME OF DEPARTURE（出発予定時期）
EXP	EXPORT
FAC、FAX	FACSIMILE
FAQ	FRECUENTLY ASKED QUESTION(S)（よくある質問）
FIG	FIGURE(S)
FL	FLOOR

FLD	FIELD
FLT	FLIGHT
FLWG	FOLLOWING
FT	FEET
FY	FISCAL YEAR（会計年度）
FYI	FOR YOUR INFORMATION（ご参考までに）
GOV、GOVT	GOVERNMENT
HF	HALF
HGT	HEIGHT
HO	HEAD OFFICE
HR	HOUR(S)
HUND	HUNDRED
HV	HAVE
ID	IDENTIFICATION
i.e.	id est（THAT IS、すなわち）
IMDT、IMADTLY	IMMEDIATELY
IMO	IN MY OPINION（私の意見では）
IMP	IMPORT、IMPORTANT
IN	INCH(ES)
INC	INCORPORATED
INCL	INCLOSURE、INCLUDING
IND	INDUSTRY、INDEPENDENT
INF、INFO	INFORMATION

INS	INSURANCE	
INST	INSTRUCTION	
INT	INTEREST	
INTL、INT'L	INTERNATIONAL	
INV	INVOICE	
I/O	INSTEAD OF	
IOW	IN OTHER WORDS（言い換えると、つまり）	
KG	KIROGRAM(S)	
LB、LBS	POUND(S)	
LGTH	LENGTH	
LT	LONG TON(S)	
LTD	LIMITED	
LTR	LETTER	
MAX	MAXIMUM	
MDSE	MERCHANDISE	
MFG	MANUFACTURING	
MFR	MANUFACTURE(R)	
MGR	MANAGER	
MID	MIDDLE	
MIN	MINIMUM	
MO.	MONTH	
M/S	MONTHS、MESSRS、MOTOR SHIP（機船）	
MSG	MESSAGE	

MTH	MONTH
N/A	NOT APPLICABLE、NOT AVAILABLE、NO ACCOUNT
NAK	NEGATIVE ACKNOWLEDGE
N.B.	NOTA BENE（NOTE WELL、注意せよ）
NO	NUMBER
NUM	NUMBER
OFF	OFFICE
ORD	ORDINARY、ORDER
ORG	ORGANIZATION
ORIG	ORIGINAL
OTOH	ON THE OTHER HAND（他方で）
OZ、OZS	OUNCE(S)
p.a.	per annum（per annual、1年につき）
PAYT、PAY'T	PAYMENT
PCS	PIECES
PCT	PERCENT
PKG	PACKAGE、PACKING
PLS	PLEASE
PM	POST MERIDIEM（AFTER NOON、午後）
PO	POST OFFICE（郵便局）
p.p.	per procurationem（per pro、代理として）
PREM	PREMIUM
P.S.	POSTSCRIPT（追伸）

PYMT	PAYMENT
QLTY	QUALITY
QNTY	QUANTITY
QT、QTY	QUANTITY
RCV	RECEIVE
RD	ROAD、ROUND
RE	REFERENCE、REGARDING
REF	REFERENCE
REP	REPRESENTATIVE、REPUBLIC
RGS、RGDS	REGARDS
RM	ROOM
SCHED	SCHEDULE
SEC	SECTION、SECOND
SECT	SECTION
SHPT	SHIPMENT
SND	SEND
SP	SPECIAL
SPEC	SPECIAL、SPECIFICATION
SEQ	SEQUEL、SEQUENTES、SEQUENCE
SQ	SQUARE、SEQUENCE
SS	STEAMSHIP（蒸気船）
ST	STREET
STA	STATION

巻末資料1

SUBJ	SUBJECT
TBD	TO BE DECIDED、TO BE DETERMINED（後日決定予定）
TEL	TELEPHONE、TELEGRAM
THOU	THOUSAND
THRU	THROUGH
TKS	THANKS
TLX	TELEX
TOT	TOTAL
TRF	TRANSFER
UTA	UNABLE TO APPLY（実行できない）
VAL	VALUE
VOY	VOYAGE
VS	VERSUS（対）
WK	WEEK
WT	WEIGHT
YD	YARD
YR	YEAR、YOUR

巻末資料2　銀行業務英文用語

【預金（DEPOSITS）】

普通預金	ORDINARY ACCOUNT
当座預金	CHECKING ACCOUNT
定期預金	TIME DEPOSIT
通知預金	NOTICE DEPOSIT
残高	REMAINING BALANCE
残高証明	BALANCE STATEMENT
通帳	BANKBOOK
ATM	AUTOMATIC TELLER MACHINE
CD	CASH DISPENSER
伝票	SLIP
依頼書	APPLICATION FORM
入金する・入金	DEPOSIT
引き出す	WITHDRAW
引出し	WITHDRAWAL

【融資（LOANS）】

商業手形割引	BILLS DISCOUNT
当座貸越	OVERDRAFTS
手形貸付	LOANS ON NOTES
証書貸付	LOANS ON DEEDS
住宅ローン	HOUSING LOAN
カードローン	CARD LOAN
担保	COLLATERAL

XXを担保にとる	TAKE XX AS COLLATERAL

【送金 (REMITTANCE)】

電信送金	TELEGRAPHIC TRANSFER
郵便送金	MAIL TRANSFER
送金小切手	DEMAND DRAFT
送金人	SENDER
受取人	BENEFICIARY
口座番号	ACCOUNT NUMBER
口座名義人	ACCOUNTEE
名義人相違	DIFFERENT ACCOUNTEE NAME
口座番号相違	DIFFERENT ACCOUNT NUMBER

【両替 (EXCHANGE)】

交換レート	EXCHANGE RATE
手数料	OUR COMMISSION
裏書	ENDORSEMENT
裏書する	ENDORSE

【役職名】

会長	CHAIRMAN
頭取	PRESIDENT
副頭取	DEPUTY PRESIDENT
専務	SENIOR MANAGING DIRECTOR

常務	MANAGING DIRECTOR
取締役	DIRECTOR
役員	BOARD MEMBER
部長	GENERAL MANAGER
副部長	JOINT GENERAL MANAGER
次長	DEPUTY GENERAL MANAGER
調査役	MANAGER
支店長	GENERAL MANAGER
副支店長	JOINT GENERAL MANAGER
次長	DEPUTY GENERAL MANAGER
課長	MANAGER
課長代理、支店長代理	ASSISTANT MANAGER
課員、担当	OFFICER

〔参考〕米国企業の場合

最高経営責任者	CEO	CHIEF EXECUTIVE OFFICER
最高執行責任者	COO	CHIEF OPERATING OFFICER
最高財務責任者	CFO	CHIEF FINANCIAL OFFICER
最高情報責任者	CIO	CHIEF INFORMATION OFFICER

巻末資料3　主要国の通貨名・通貨コード

COUNTRY	CURRENCY	通貨名	CODE
AFGHANISTAN	AFGHANI	アフガニスタン・アフガニー	AFN
ALBANIA	LEK	アルバニア・レク	ALL
ALGERIA	ALGERIAN DINAR	アルジェリア・ディナール	DZD
ANDORRA	EURO	ユーロ	EUR
ANGOLA	KWANZA	アンゴラ・クワンザ	AOA
ARGENTINA	ARGENTINE PESO	アルゼンチン・ペソ	ARS
ARMENIA	ARMENIAN DRAM	アルメニア・ドラム	AMD
ARUBA	ARUBA GUILDER	アルバ・フローリン	AWG
AUSTRALIA	AUSTRALIAN DOLLAR	オーストラリア・ドル	AUD
AUSTRIA	EURO	ユーロ	EUR
AZERBAIJAN	AZERBAIJANIAN MANAT	アゼルバイジャン・マナト	AZN
BAHAMAS	BAHAMIAN DOLLAR	バハマ・ドル	BSD
BAHRAIN	BAHRAINI DINAR	バーレーン・ディナール	BHD
BANGLADESH	TAKA	バングラディシュ・タカ	BDT
BARBADOS	BARBADOS DOLLAR	バルバドス・ドル	BBD
BELARUS	BELARUSSIAN RUBLE	ベラルーシ・ルーブル	BYR
BELGIUM	EURO	ユーロ	EUR
BELIZE	BELIZE DOLLAR	ベリーズ・ドル	BZD
BERMUDA	BURMUDIAN DOLLAR	バミューダ・ドル	BMD
BHUTAN	NGULTRUM	ブータン・ニュルタム	BTN

COUNTRY	CURRENCY	通貨名	CODE
BOLIVIA	BOLIVIANO	ボリビア・ボリビアーノス	BOB
BOTSWANA	PULA	ボツワナ・プラ	BWP
BRAZIL	BRAZILIAN REAL	ブラジル・レアル	BRL
BULGARIA	BULGARIAN LEV	ブルガリア・レフ	BGN
BURNEI DARUSSALAM	BURNEI DOLLAR	ブルネイ・ドル	BND
BURUNDI	BURUNDI FRANC	ブルンジ・フラン	BIF
CAMBODIA	RIEL	カンボジア・リエル	KHR
CAMEROON	CFA FRANC BEAC	中部アフリカ諸国CFAフラン	XAF
CANADA	CANADIAN DOLLAR	カナダ・ドル	CAD
CAPE VERDE	CAPE VERDE ESCUDO	カーボヴェルデ・エスクード	CVE
CAYMAN ISLANDS	CAYMAN ISLANDS DOLLAR	ケイマン諸島ドル	KYD
CENTRAL AFRICAN REPUBLIC	CFA FRANC BEAC	中部アフリカ諸国CFAフラン	XAF
CHAD	CFA FRANC BEAC	中部アフリカ諸国CFAフラン	XAF
CHILE	CHILEAN PESO	チリ・ペソ	CLP
CHINA	YUAN RENMINBI	中国元	CNY
COLOMBIA	COLOMBIAN PESO	コロンビア・ペソ	COP
COMOROS	COMORO FRANC	コモロ・フラン	KMF
CONGO	CFA FRANC BEAC	中部アフリカ諸国CFAフラン	XAF

COUNTRY	CURRENCY	通貨名	CODE
DEMOCRATIC REPUBLIC OF THE CONGO	FRANC CONGOLAIS	コンゴ・フラン	CDF
COSTA RICA	COSTA RICAN COLON	コスタリカ・コロン	CRC
COTE D'IVOIRE	CFA FRANC BCEAO	西アフリカ諸国CFAフラン	XOF
CROATIA	KUNA	クロアチア・クーナ	HRK
CUBA	CUBAN PESO	キューバ・ペソ	CUP
CYPRUS	EURO	ユーロ	EUR
CZECH REPUBLIC	CZECH KRONE	チェコ・コルナ	CZK
DENMARK	DANISH KRONE	デンマーク・クローネ	DKK
DJIBOUTI	DJIBOUTI FRANC	ジブチ・フラン	DJF
DOMINICA, COMMONWEALTH OF	EAST CARIBBEAN DOLLAR	東カリブ・ドル	XCD
DOMINICAN REPUBLIC	DOMINICAN PESO	ドミニカ・ペソ	DOP
ECUADOR	UD DOLLAR	米ドル（アメリカ合衆国ドル）	USD
EGYPT	EGYPTIAN POUND	エジプト・ポンド	EGP
EL SALVADOR	EL SALVADOR COLON	エルサルバドル・コロン	SVC
ERITREA	NAKFA	エリトリア・ナクファ	ERN
ESTONIA	EURO	ユーロ	EUR
ETHIOPIA	ETHIOPIAN BIRR	エチイピア・ブル	ETB
FIJI	FIJI DOLLAR	フィジー・ドル	FJD

COUNTRY	CURRENCY	通 貨 名	CODE
FINLAND	EURO	ユーロ	EUR
FRANCE	EURO	ユーロ	EUR
FRENCH POLYNESIA	CFP FRANC	CFPフラン	XPF
GABON	CFA FRANC BEAC	中部アフリカ諸国CFAフラン	XAF
GANBIA	DALASI	ガンビア・ダラシ	GMD
GEORGIA	LARI	グルジア・ラリ	GEL
GERMANY	EURO	ユーロ	EUR
GHANA	GHANA CEDI	ガーナ・セディ	GHS
GIBRALTAR	GIBRALTAR POUND	ジブラルタル・ポンド	GIP
GREECE	EURO	ユーロ	EUR
GREENLAND	DANISH KRONE	デンマーク・クローネ	DKK
GRENADA	EAST CARIBBEAN DOLLAR	東カリブ・ドル	XCD
GUAM	US DOLLAR	米ドル（アメリカ合衆国ドル）	USD
GUATEMALA	QUETZAL	グアテマラ・ケツァル	GTQ
GUINEA	GUINEA FRANC	ギニア・フラン	GNF
GUYANA	GUYANA DOLLAR	ガイアナ・ドル	GYD
HAITI	GOURDE	ハイチ・グルド	HTG
HONDURAS	LEMPIRA	ホンジュラス・レンピーラ	HNL
HONG KONG	HONG KONG DOLLAR	香港ドル	HKD
HUNGARY	FORINT	ハンガリー・フォリント	HUF
ICELAND	ICELAND KRONA	アイスランド・クローナ	ISK

巻末資料3

COUNTRY	CURRENCY	通貨名	CODE
INDIA	INDIAN RUPEE	インド・ルピー	INR
INDONESIA	RUPIAH	インドネシア・ルピア	IDR
IRAN	IRANIAN RIAL	イラン・リアル	IRR
IRAQ	IRAQI DINAR	イラク・ディナール	IQD
IRELAND	EURO	ユーロ	EUR
ISRAEL	NEW ISRAELI SHEKEL	イスラエル・新シェケル	ILS
ITALY	EURO	ユーロ	EUR
JAMAICA	JAMAICAN DOLLAR	ジャマイカ・ドル	JMD
JAPAN	YEN	日本円	JPY
JORDAN	JORDANIAN DOLLAR	ヨルダン・ディナール	JOD
KAZAKHSTAN	TENGE	カザフスタン・テンゲ	KZT
KENYA	KENYAN SHILLING	ケニア・シリング	KES
KOREA, DEMOCRATIC PEOPLE'S REP. OF	NORTH KOREAN WON	北朝鮮ウォン	KPW
KOREA, REPUBLIC OF	WON	韓国ウォン	KRW
KUWAIT	KUWAITI DINAR	クウェート・ディナール	KWD
KYRGYZSTAN	SOM	キルギス・ソム	KGS
LAO PEOPLE'S DEMOCRATIC REPUBLIC	KIP	ラオス・キープ	LAK
LATVIA	EURO	ユーロ	EUR

COUNTRY	CURRENCY	通 貨 名	CODE
LEBANON	LEBANESE POUND	レバノン・ポンド	LBP
LESOTHO	LOTI	レソト・ロチ	LSL
LIBERIA	LIBERIAN DOLLAR	リベリア・ドル	LRD
LIBYAN ARAB JAMAHIRIYA	LIBYAN DINAR	リビアン・ディナール	LYD
LIECHTENSTEIN	SWISS FRANC	スイス・フラン	CHF
LITHUANIA	LITHUANIAN LITAS	リトアニア・リタス	LTL
LUXEMBOURG	EURO	ユーロ	EUR
MACAO	PATACA	マカオ・パタカ	MOP
MACEDONIA	DENAR	マケドニア・デナール	MKD
MADAGASCAR	MALAGASY ARIARY	マダガスカル・アリアリ	MGA
MALAWI	KWACHA	マラウイ・クワチャ	MWK
MALAYSIA	MALAYSIAN RINGGIT	マレーシア・リンギット	MYR
MALDIVES	RUFIYAA	モルディブ・ルフィア	MVR
MALI	CRA FRANC BCEAO	西アフリカ諸国CFAフラン	XOF
MALTA	EURO	ユーロ	EUR
MAURITANIA	OUGUIYA	モーリタニア・ウギア	MRO
MAURITIUS	MAURITIUS RUPEE	モーリシャス・ルピー	MUR
MEXICO	MEXICAN PESO	メキシコ・ペソ	MXN
MOLDOVA	MOLDOVAN LEU	モルドバ・レウ	MDL
MONACO	EURO	ユーロ	EUR
MONGOLIA	TUGRIK	モンゴル・トグログ	MNT

COUNTRY	CURRENCY	通貨名	CODE
MONTENEGRO	EURO	ユーロ	EUR
MOROCCO	MOROCCAN DIRHAM	モロッコ・ディルハム	MAD
MOZAMBIQUE	MOZAMBIQUE METICAL	モザンビーク・メティカル	MZN
MYANMAR	KYAT	ミャンマー・チャット	MMK
NAMIBIA	NAMIBIA DOLLAR	ナミビア・ドル	NAD
NEPAL	NEPALESE RUPEE	ネパール・ルピー	NPR
NETHERLANDS	EURO	ユーロ	EUR
NEW CALEDONIA	CFP FRANC	CFPフラン	XPF
NEW ZEALAND	NEW ZEALAND DOLLAR	ニュージーランド・ドル	NZD
NICARAGUA	CORDOBA ORO	ニカラグア・コルドバ・オロ	NIO
NIGER	CFA FRANC BCEAO	西アフリカ諸国CFAフラン	XOF
NIGERIA	NAIRA	ナイジェリア・ナイラ	NGN
NORWAY	NORWEGIAN KRONE	ノルウェー・クローネ	NOK
OMAN	RIAL OMANI	オマーン・リアル	OMR
PAKISTAN	PAKISTAN RUPEE	パキスタン・ルピー	PKR
PANAMA	BALBOA	パナマ・バルボア	PAB
PAPUA NEW GUINEA	KINA	パプア・ニューギニア・キナ	PGK
PARAGUAY	GUARANI	パラグアイ・グアラニー	PYG
PERU	NUEVO SOL	ペルー・ヌエボ・ソル	PEN
PHILIPPINES	PHILIPPINE PESO	フィリピン・ペソ	PHP
POLAND	ZLOTY	ポーランド・ズロチ	PLN

COUNTRY	CURRENCY	通貨名	CODE
PORTUGAL	EURO	ユーロ	EUR
PUERTO RICO	US DOLLAR	米ドル（アメリカ合衆国ドル）	USD
QATAR	QATARI RIAL	カタール・リヤル	QAR
ROMANIA	ROMANIAN LEU	ルーマニア・レイ	RON
RUSSIAN FEDERATION	RUSSIAN RUBLE	ロシア・ルーブル	RUB
RWANDA	RWANDA FRANC	ルワンダ・フラン	RWF
SAMOA	TALA	サモア・タラ	WST
SAN MARINO	EURO	ユーロ	EUR
SAUDI ARABIA	SAUDI RIYAL	サウジアラビア・リヤル	SAR
SENEGAL	CFA FRANC BCEAO	西アフリカ諸国CFAフラン	XOF
SERBIA, REPUBLIC OF	SERBIAN DINAR	セルビア・ディナール	RSD
SEYCHELLES	SEYCHELLES RUPEE	セーシェル・ルピー	SCR
SIERRA LEONE	LEONE	シエラレオネ・レオン	SLL
SINGAPORE	SINGAPORE DOLLAR	シンガポール・ドル	SGD
SLOVAKIA	EURO	ユーロ	EUR
SLOVENIA	EURO	ユーロ	EUR
SOMALIA	SOMALI SHILLING	ソマリア・シリング	SOS
SOUTH AFRICA	RAND	南アフリカ・ランド	ZAR
SPAIN	EURO	ユーロ	EUR
SRI LANKA	SRI LANKA RUPEE	スリランカ・ルピー	LKR
SUDAN	SUDANESE POUND	スーダン・ポンド	SDG

巻末資料3

COUNTRY	CURRENCY	通 貨 名	CODE
SURINAME	SURINAM DOLLAR	スリナム・ドル	SRD
SWAZILAND	LILANGENI	スワジランド・リランゲーニ	SZL
SWEDEN	SWEDISH KRONA	スウェーデン・クローナ	SEK
SWITZERLAND	SWISS FRANC	スイス・フラン	CHF
SYRIAN ARAB REPUBLIC	SYRIAN POUND	シリア・ポンド	SYP
TAIWAN	NEW TAIWAN DOLLAR	新台湾ドル	TWD
TAJIKISTAN	SOMONI	タジキスタン・ソモニ	TJS
TANZANIA, UNITED REPUBLIC OF	TANZANIAN SHILLING	タンザニア・シリング	TZS
THAILAND	BAHT	タイ・バーツ	THB
TONGA	PAANGA	トンガ・パ・アンガ	TOP
TRINIDAD AND TOBAGO	TRINIDAD AND TOBAGO DOLLAR	トリニダード・トバゴ・ドル	TTD
TUNISIA	TUNISIAN DINAR	チュニジア・ディナール	TND
TURKEY	TURKISH LIRA	トルコ・リラ	TRY
TURKMENISTAN	NEW MANAT	トルクメニスタン・マナト	TMT
UGANDA	UGANDA SHILLING	ウガンダ・シリング	UGX
UKRAINE	HRYVNIA	ウクライナ・フリヴニャ	UAH
UNITED ARAB EMIRATES	UAE DIRHAM	アラブ首長国連邦ディルハム	AED
UNITED KINGDOM	POUND STERING	スターリング・ポンド（英ポンド）	GBP

COUNTRY	CURRENCY	通貨名	CODE
UNITED STATES	US DOLLAR	米ドル（アメリカ合衆国ドル）	USD
URUGUAY	PESO URUGUAYO	ウルグアイ・ペソ	UYU
UZBEKISTAN	UZUBEKISTAN SUM	ウズベキスタン・スム	UZS
VANUATU	VATU	バヌアツ・バツ	VUV
VENEZUELA, BOLIVARIAN REPUBLIC OF	BOLIVAR FUERTE	ベネズエラ・ボリバル・フエルテ	VEF
VIET NAM	DONG	ベトナム・ドン	VND
YEMEN	YEMENI RIAL	イエメン・リアル	YER
ZAMBIA	KWACHA	ザンビア・クワチャ	ZMK

巻末資料4　インコタームズ2010の概要

グループ	コード	規則（RULES）	物品の危険および費用負担の分岐点
E	EXW	EX WORKS　工場渡し（…NAMED PLACE OF DELIVERY）	物品が売主の工場、倉庫等の指定引渡地で運送人等へ引き渡された時点。
F	FCA	FREE CARRIER　運送人渡し（…NAMED PLACE OF DELIVERY）	物品が指定引渡地で運送人へ引き渡された時点。
	☆ FAS	FREE ALONGSIDE SHIP　船側渡し（…NAMED PORT OF SHIPMENT）	物品が指定船積港の埠頭または艀（はしけ）で本船の船側に移された時点。
	☆ FOB	FREE ON BOARD　本船渡し（…NAMED PORT OF SHIPMENT）	物品が指定船積港において本船の船上に置かれた時点。
C	☆ CFR	COST AND FREIGHT　運賃込み（…NAMED PORT OF DESTINATION）	物品が指定船積港において本船の船上に置かれた時点。仕向港までの運賃は、売主負担。
	☆ CIF	COST INSURANCE AND FREIGHT　運賃保険料込み（…NAMED PORT OF DESTINATION）	物品が指定船積港において本船の船上に置かれた時点。仕向港までの運賃・保険料は、売主負担。
	CPT	CARRIAGE PAID TO　輸送費込み（…NAMED PLACE OF DESTINATION）	物品が指定仕向地で運送人へ引き渡された時点。仕向地までの輸送費は、売主負担。
	CIP	CARRIAGE AND INSURANCE PAID TO　輸送費保険料込み（…NAMED PLACE OF DESTINATION）	物品が指定仕向地で運送人へ引き渡された時点。仕向地までの輸送費・保険料は、売主負担。

グループ	コード	規則 (RULES)	物品の危険および費用負担の分岐点
D	DAT	DELIVERED AT TERMINAL　ターミナル持込渡し （…NAMED TERMINAL AT PORT OR PLACE OF DESTINATION）	物品が仕向港または仕向地における指定ターミナルで買主の処分に委ねられた時点。
	DAP	DELIVERED AT PLACE　仕向地持込渡し （…NAMED PORT OF DESTINATION）	物品が指定仕向地で買主の処分に委ねられた時点。輸入通関に係る費用は、買主負担。
	DDP	DELIVERED DUTY PAID　関税込持込渡し （…NAMED PLACE OF DESTINATION）	物品が指定仕向地で買主の処分に委ねられた時点。輸入通関に係る費用は、売主負担。

（注）いかなる単数または複数の輸送手段にも適した規則……無印
　　　海上および内陸水路輸送のための規則……☆

巻末資料4

巻末資料5　書類（ドキュメンツ）点検のためのチェックリスト

書　類	チェック項目
信用状 （DOCUMEN-TARY CREDIT）	☐　信用状の原本が添付されていること。 ☐　信用状が、現在でも有効であること。 ☐　信用状の使用可能な残高が、今回の使用金額を十分に充足すること。 ☐　信用状が要求している書類が、呈示されていること。 ☐　取消不能信用状があるか。 ☐　信用状統一規則準拠文言ないしは正当な決済確約文言の記載があるか。 ☐　原則、信用状に通知銀行のカバーレターは添付されているか。 ☐　信用状発行銀行の信用あるいは信用状発行銀行所在国に問題はないか。 ☐　有効期限内、呈示期間内の買取か。 ☐　信用状の裏書をしたか。
為替手形 （DRAFT）	☐　手形に正確な信用状発行銀行名、信用状番号、発行日の記載は信用状どおりか。 ☐　手形の振出人が、受益者の名前と一致すること。 ☐　正確な支払人宛に振り出されていること。 ☐　数字による金額と言葉による金額とが一致すること。 ☐　満期が、信用状の要求どおりであること。 ☐　受取人の名称が明示されていること。 ☐　手形金額と送り状金額とが一致すること。 ☐　振出日、振出地の記載もれはないか。
インボイス （INVOICE）	☐　信用状の受益者によって発行されていること。 ☐　発行依頼人が送り状の宛先として示されていること。 ☐　物品の記述が、信用状における記述と一致していること。 ☐　信用状に述べられている物品の明細、単価、取引条件がインボイスに含まれていること。 ☐　インボイスに記載されている記号、番号、運送情報等が、他の書類のそれらと矛盾しないこと。 ☐　インボイスの通貨が、信用状の通貨と同一の通貨であること。 ☐　分割船積みが許容されていない場合、インボイスが全船積みに係るものであること。 ☐　信用状による要求がある場合には、署名され、証明されていること。 ☐　船積み、包装、重量、運賃、その他運送関係諸費用が、他の書類に記載されているものと一致していること。 ☐　正確な数の原本および写が呈示されていること。 ☐　建値は信用状条件どおりか。

書類	チェック項目
運送書類 （TRANSPORT DOCUMENTS）	☐ 信用状条件に定められた通数が呈示されていること。 ☐ 荷受人の名称が信用状で要求されているとおりであること。 ☐ 裏書が必要な場合には、適当な裏書がなされていること。 ☐ 荷送人またはその代理人の名称が記載されていること。 ☐ 通知先がある場合には、その名称・所在地が信用状に定められたとおりであること。 ☐ 物品の記述が、信用状に述べられている物品の記述と一致すること。 ☐ 物品の記号、番号、その他明細が、他の書類面記載のそれらと一致すること。 ☐ 信用状の要求どおりに、運賃前払または運賃後払の表示が運送書類面になされていること。また表示に矛盾がないこと。 ☐ 運送書類を"FOUL"または"UNCLEAN"とする可能性のある条項が運送書類面に記載されていないこと。 ☐ UCP600の該当する運送条項に定められている上記以外のすべての条件を充足していること。
保険書類 （INSURANCE DOCUMENTS）	☐ 信用状の要求どおりに、保険証券、保険承認状、保険通知書等が呈示されていること。 ☐ 保険会社、保険引受人またはその代理人によって発行され、署名されていること。 ☐ 信用状に定められた通数が呈示されていること。 ☐ 発行日または保険の担保の有効となる日が、遅くとも、物品の積込日、発送日、受取日であること。 ☐ 保険担保範囲の金額は、信用状に要求されたとおりのものであるか、またはUCP600第28条f項に定められているとおりのものであること。 ☐ 信用状と同一の通貨建て、支払場所は信用状条件どおりか。 ☐ 物品の記述が、インボイスの記述と一致していること。 ☐ 指定された積込港、受取地から陸揚港、引渡地まで付保していること。 ☐ 信用状に述べられている特定の危険を担保していること。 ☐ 記号、番号等が、運送書類面の記号、番号等と一致していること。 ☐ 裏書が必要な場合には、適当な裏書がなされていること。 ☐ 書類面に記載されている情報が、他の書類の情報と矛盾しないこと。

書　　類	チェック項目
原産地証明書 （CERTIFICATE OF ORIGIN）	☐ 単一の書類であり、他の書類と結合されていないこと。 ☐ 信用状の要求どおりに署名され、証明されていること。 ☐ 原産地証明書の記載事項が、他の書類の記載事項と矛盾しないこと。 ☐ 信用状の要求に一致した原産国が明示されていること。
パッキングリスト （PACKING LIST）	☐ 単一の書類であり、他の書類と結合されていないこと。 ☐ 信用状の要求に合致していること。詳細なパッキングリストには、それぞれの包装の内容の明細が必要である。 ☐ パッキングリストの記載事項が、他の書類の記載事項と矛盾しないこと。
検査証明書 （INSPECTION CERTIFICATE）	☐ 信用状が検査機関を指定している場合には、指定された検査機関が証明書を発行していること。 ☐ 署名されていること。 ☐ 物品、明細、品質、包装等に関する有害な記述を含んでいないこと。

外為エッセンシャルシリーズⅢ
外為辞典

平成26年3月10日　第1刷発行

　　　　　　　　　著　者　大　村　　博
　　　　　　　　　発行者　倉　田　　勲
　　　　　　　　　印刷所　株式会社太平印刷社

　〒160-8520　東京都新宿区南元町19
　発　行　所　一般社団法人 金融財政事情研究会
　　　　　　編集部　TEL 03(3355)2251　FAX 03(3357)7416
　販　　売　株式会社きんざい
　　　　　　販売受付　TEL 03(3358)2891　FAX 03(3358)0037
　　　　　　　　URL http://www.kinzai.jp/

・本書の内容の一部あるいは全部を無断で複写・複製・転訳載すること、および磁気または光記録媒体、コンピュータネットワーク上等へ入力することは、法律で認められた場合を除き、著作者および出版社の権利の侵害となります。
・落丁・乱丁本はお取替えいたします。定価はカバーに表示してあります。

ISBN978-4-322-12393-7